PC konkret
Richtig und sicher surfen

S TIFTUNG W ARENTEST

Jörg Schieb
Mirko Müller

© 2006 by
STIFTUNG WARENTEST, Berlin
1. Auflage

Alle veröffentlichten Beiträge sind urheberrechtlich geschützt. Das gilt auch gegenüber Datenbanken und ähnlichen Einrichtungen. Die Reproduktion – ganz oder in Teilen – durch Nachdruck, fototechnische Vervielfältigung oder andere Verfahren – auch Auszüge, Bearbeitungen sowie Abbildungen – oder die Übertragung in eine von Maschinen, insbesondere Datenverarbeitungsanlagen verwendbare Sprache, oder die Einspeisung in elektronische Systeme bedarf der vorherigen schriftlichen Zustimmung des Verlages. Alle übrigen Rechte bleiben vorbehalten.

STIFTUNG WARENTEST
ISBN 10: 3-937880-51-8
ISBN 13: 978-3-937880-51-8

Liebe Leserin, lieber Leser.

Das Internet ist für viele heute schon unverzichtbarer Bestandteil ihres Alltags. Vor allem das World Wide Web (WWW), die bunte Welt der Webseiten, hat jede Menge zu bieten. Wer die passenden Adressen ansteuert, kann sich rund um die Uhr umfassend informieren, selbst über ausgefallene Themen. Datensurfer können in Archiven stöbern, auf Knopfdruck Preise vergleichen und überall auf der Welt Waren bestellen. Natürlich lassen sich auch bequem Geldgeschäfte erledigen oder Freunde kontaktieren. Selbst Telefonieren ist mittlerweile übers Internet möglich.

Das weltweite Datennetz ist im wahrsten Sinne des Wortes grenzenlos. Das macht es auf der einen Seite so faszinierend, aber gleichzeitig auch ein bisschen beängstigend. Leider haben in den letzten Jahren die Gefahren im Netz erheblich zugenommen: Da werden Daten ausgespäht und Internetbenutzer betrogen, da machen Viren, Würmer und Trojaner die Runde und infizieren Millionen Computer – mit mehr oder weniger schädlichen Auswirkungen. Eine „Phishing" genannte Betrugsmethode versucht, arglosen Benutzern sensible Informationen – etwa Zugangsdaten zu Onlineplattformen oder zum Onlinekonto – zu entlocken.

Es kann grundsätzlich jeden treffen, egal ob Profi oder Einsteiger. Allerdings werden Surfanfänger häufiger zum Opfer, da sie leichter in die online aufgestellten Fallen tappen. Erfahrene Computerbenutzer hingegen kennen diese Stolperfallen – und meiden sie. Darum ist es äußerst wichtig, sich die Gefahren, die im Internet lauern, bewusst zu machen. Denn dann fällt es auch leichter, sich vor ihnen zu schützen.

Es ist im Grunde nicht anders als in der realen Welt: Wir haben gelernt, unsere Fenster und Haustüren zu schließen, wenn wir die Wohnung verlassen, vertrauen nicht jedem Fremden einfach so unsere Schlüssel oder das Portemonnaie an und lassen ungebetene Besucher nicht ins Haus.

Dieses Buch zeigt, wie man sicher im Internet surft. Das ist zum Glück gar nicht so schwer: Wer die richtige Software benutzt und im World Wide Web nicht alles sorglos anklickt, was bunt blinkt, kann die Möglichkeiten in vollen Zügen genießen. Und es lohnt sich, denn das Internet hat wahrlich eine Menge zu bieten.

Richtig und sicher surfen

Inhalt

1 Werkzeuge zum besseren Surfen — 7

Das Survival-Pack für das optimale Surfvergnügen ... 8
Zum Lesen: Adobe Reader ... 9
Für Videos: Apple QuickTime ... 13
Zum Hören: RealPlayer ... 15
Zum Spielen: Flash und Shockwave ... 17
Alternative Browser: Firefox und Opera ... 21
Alles aus einer Hand: Google Pack ... 26

2 Gut gesucht ist halb gefunden — 29

Die richtige Suchmaschine wählen ... 30
Gute Alternativen zu Google ... 31
Wer noch mehr braucht: Meta-Suchmaschinen ... 34
Für jeden Zweck die richtige Suchmaschine ... 35
Den optimalen Suchbegriff wählen ... 36
Bilder finden ... 39
Komplette Videos aufspüren ... 41
Hilfe aus der Newsgroupsuche ... 42
Brandaktuelle Nachrichten finden ... 43
Immer auf dem neuesten Stand mit Google Alerts ... 45
Schneller suchen mit Google Toolbar und Google Desktop ... 47
Was Google und Co. sonst noch draufhaben ... 49
Google als Superglobus ... 58
Suchmaschinen für den eigenen PC ... 61

3 Richtig shoppen — 63

Produkte finden und Preise vergleichen ... 64
Spezial-Preisvergleicher ... 69
Erfahrungen suchen: Testberichte ... 71
Schwarze Shopping-Schafe erkennen ... 72
Die richtige Bezahlmethode ... 77
Widerruf & Co. – Ihre Rechte im Onlinehandel ... 78

4 Bei Mausklick Geld — 81

Darum lohnt sich Onlinebanking ... 82
Darum ist Homebanking sicher ... 83
Phishing und andere Gefahren ... 87
Komfort pur mit Homebankingsoftware ... 93

5 Surfen, aber sicher — 95

Die wichtigsten Gefahrenquellen im Überblick 96
Grundsicherung durch automatische Updates 97
Firewalls schützen vor direkten Angriffen 99
Viren und Trojaner müssen draußen bleiben 101
Adware und Spyware loswerden 105
Keine Chance für Spam 109
Rundum-sorglos-Pakete 113

6 Telefonieren übers Internet — 115

Die Vorteile der Internettelefonie 116
Die Nachteile der Internettelefonie 118
Das brauchen Sie zum Telefonieren 119
Internettelefonie kostenlos testen mit Softphones 120
Die Softphonealternativen: Phoner und Co. 122
Kostenlos plaudern mit Skype 124
Der richtige Anbieter 127
Telefonieren mit reinen Internettelefonen 128
Alte Telefone weiterverwenden 130

7 Musik, Fernsehen und Kino — 131

Das brauchen Sie für den Multimediagenuss per Web 132
Musik ganz legal herunterladen 133
Fernsehen und Radio via Web 138
Kinofilme aus dem Internet 141
Streaming-Boxen 144
Windows Media Center 145

8 Du bist Internet — 147

Blogs: Mit wenigen Klicks zur eigenen Seite 148
Urlaubsfotos verwalten und Freunden zeigen 152

Anhang

Index 156
Impressum 160

Richtig und sicher surfen

Richtig und sicher surfen
Kapitel 1:
Werkzeuge zum besseren Surfen

Werkzeuge zum besseren Surfen

Eigentlich hat Windows XP bereits alle wichtigen Werkzeuge an Bord, um ins Internet zu gehen. Der Internet Explorer und das E-Mail-Programm Outlook Express sind standardmäßig mit dabei. Mehr ist zum Surfen erst mal gar nicht nötig.

Oder doch? Wer regelmäßig im Internet unterwegs ist, wird schnell merken, dass die Bordmittel von Windows zwar für die ersten Gehversuche im Internet ausreichen, aber ganz schnell an ihre Grenzen stoßen.

Für zahlreiche Webseiten und Anwendungen ist Zusatzsoftware nötig. Erst damit wird die Surftour zum Vergnügen. Nur mit den passenden Erweiterungen können Sie zum Beispiel Bücher und andere Dokumente am PC lesen, Spiele wie Sudoku am Bildschirm darstellen oder Videos ansehen.

In diesem Kapitel erfahren Sie, welche Zusatzsoftware Sie unbedingt auf Ihrem PC installiert haben sollten. Das Schöne an den Ergänzungen und Verbesserungen: Alle Erweiterungen erhalten Sie kostenlos. Und sie sind mit wenigen Mausklicks installiert.

Das Survival-Pack für das optimale Surfvergnügen

Damit Sie nicht lange nach den wichtigsten Tools (Werkzeugen) zum besseren Surfen suchen müssen, sind in diesem Kapitel alle wichtigen Hilfsprogramme zusammengefasst. Eine Art Survival-Pack für die Tour durchs Internet.

Folgende Programme sollten auf keinem Internet-PC fehlen:

- **Adobe Reader**
  Auf vielen Webseiten finden Sie Dokumente im PDF-Format, zum Beispiel Anleitungen, Prospekte, aber auch komplette Bücher. Damit Sie die PDF-Dokumente lesen können, brauchen Sie das Leseprogramm von Adobe, den Acrobat Reader.

- **Flash und Shockwave**
  So macht das Web Spaß: Viele kleine Spielchen für zwischendurch warten im Internet auf Sie. Spielspaß gibt es aber nur, wenn die kostenlosen Zusatzprogramme Flash und Shockwave installiert sind.

Werkzeuge zum besseren Surfen

■ **RealPlayer**
Musik ist aus dem Internet gar nicht mehr wegzudenken. Viele Webseiten setzen dabei auf das Real-Format. Damit die Lautsprecher nicht stumm bleiben, sollte auf jedem PC der RealPlayer installiert sein.

■ **Apple QuickTime**
Auch kurze Videofilme sind im Internet zu finden, oft im QuickTime-Format der Firma Apple. Die passende Software zum Betrachten der Filme erhalten Sie kostenlos.

Neben den wichtigsten Erweiterungen, die auf jeden Internet-PC gehören, gibt es noch weitere interessante Zusatzprogramme. Die sind zwar nicht zwingend notwendig, aber in der Regel sehr nützlich.

■ **Firefox und andere alternative Browser**
Es muss nicht immer der Internet Explorer sein. Es gibt auch andere gute Programme – Browser genannt – zum Surfen im Internet. Die bekanntesten und besten heißen Firefox und Opera. Sie sind in einigen Bereichen sogar besser und komfortabler als der Internet Explorer – und es gibt sie kostenlos.

Auf den folgenden Seiten erfahren Sie, was die Zusatzprogramme bieten, warum sie so wichtig sind und wie Sie die Tools auf Ihrem PC installieren.

Zum Lesen: Adobe Reader

Das war Ende der 90er-Jahre ein genialer Schachzug der Firma Adobe: Weil es im Internet bis dahin keine Möglichkeit gab, zum Beispiel einen Katalog genau so darzustellen wie die gedruckte Ausgabe, entwickelte Adobe das PDF-Format, das „Portable Document Format".

PDF hat die Darstellung von Büchern, Broschüren und anderen gedruckten Werken im Internet revolutioniert. Dank PDF ist es möglich, alle Druckerzeugnisse am Bildschirm so darzustellen, wie sie auch gedruckt aussehen. Von Geschäftsberichten der Unternehmen über Gebrauchsanleitungen und Katalogen bis hin zu Formularen bei öffentlichen Behörden – PDF-Dateien gehören heute zum Alltag im Internet. Auch auf vielen CDs, die Sie im Karton von neu gekauften Geräten finden, sind die ausführlichen Gebrauchsanleitungen als PDF abgelegt. Gedruckt wird oft schon gar nichts mehr – oder nur eine

---

Info

Virenschutz und Antispyware

Zusätzlich zu den hier genannten Komfort-Tools muss heutzutage jeder PC unbedingt mit einer Antiviren- und Antispywaresoftware ausgestattet sein. Ausführliche Informationen über geeignete Schutzprogramme finden Sie im Kapitel *Surfen, aber sicher* (→ Seite 96).

Richtig und sicher surfen

dünne Kurzanleitung. Die Hersteller sparen sich so die Druck-, Lager- und Transportkosten.

Ein PDF-Dokument – zum Beispiel eine Bedienungsanleitung – sieht am Bildschirm genau so aus wie in gedruckter Form.

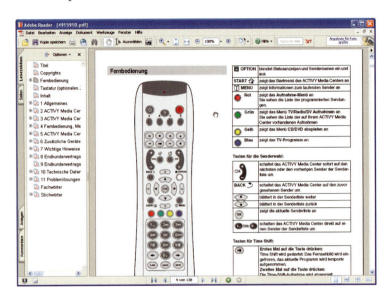

Das Erfolgsgeheimnis von PDF-Dateien: Sie sehen überall gleich aus. Ob auf einem Windows-PC, einem Linux-Computer oder einem Apple-Macintosh; selbst auf winzigen Pocket-PCs und sogar Handys sieht ein PDF-Dokument identisch aus.

Trotz des Siegeszugs des PDF-Datenformats lassen sich PDF-Dokumente nicht ohne Weiteres auf einem Windows-PC darstellen. Windows fehlt ein Programm zum Betrachten von PDF-Dateien. Das liegt vorwiegend daran, dass Microsoft und Adobe – der Erfinder von PDF – erbitterte Konkurrenten sind. Und Fremdsoftware legt Microsoft seinem Betriebssystem nur ungern bei.

Dennoch müssen Sie auf PDF-Dokumente nicht verzichten. Adobe stellt kostenlos das Programm Adobe Reader zur Verfügung, mit dem Sie jedes PDF-Dokument anzeigen, durchsuchen und ausdrucken können.

So geht's:

Gehen Sie folgendermaßen vor, um die neueste Version von Adobe Reader auf Ihrem PC zu installieren:

1. Starten Sie den Internetbrowser und rufen Sie die Webseite www.adobe.de auf.

2. Klicken Sie auf die kleine Schaltfläche *Get Adobe Reader*. Sollten Sie die Schaltfläche nicht gleich finden, können Sie auch direkt die Webseite
www.adobe.com/de/products/acrobat/readstep2.html
aufrufen.
3. Klicken Sie auf der folgenden Seite auf *Herunterladen*.

Tipp

Auf der Downloadseite bietet Ihnen Adobe zusammen mit dem Adobe Reader weitere Programme wie die Yahoo!-Leiste für den Internet Explorer oder Adobe Photoshop Album an. Die Zusätze sind aber nicht unbedingt notwendig. Es empfiehlt sich dann, die Kontrollkästchen *Adobe Yahoo!-Leiste* und *Adobe Photoshop Album Starter Edition* auszuschalten, um lediglich den Adobe Reader herunterzuladen.

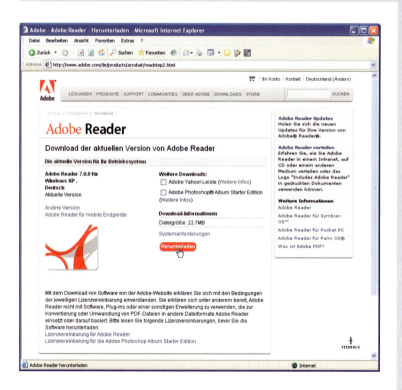

Den Adobe Reader erhalten Sie kostenlos von der Webseite des Herstellers.

4. Klicken Sie im folgenden Dialogfenster auf *Ausführen*, um das Installationsprogramm des Adobe Readers direkt nach dem Download zu starten.
5. Klicken Sie nach Abschluss des Downloads erneut auf *Ausführen*, um die Installation zu starten.

Richtig und sicher surfen

6. Folgen Sie den Anweisungen des Installationsassistenten, um die Installation abzuschließen.

Nach wenigen Augenblicken ist das Zusatzprogramm Adobe Reader auf Ihrem PC installiert. Die Benutzung des Programms ist denkbar einfach: Wenn Sie im Internet eine PDF-Datei anklicken – oft zu erkennen am Zusatz *.pdf* –, startet Windows automatisch den Adobe Reader und stellt das PDF-Dokument im Reader-Fenster dar.

Mitunter erscheint das PDF-Dokument auch gleich im Fenster des Internet Explorers. Hierzu wendet der Adobe Reader einen Trick an: Statt ein neues Adobe-Reader-Fenster zu öffnen, blendet er das Dokument direkt in das Browserfenster ein. Das funktioniert auch beim alternativen Browser Firefox. Der Adobe Reader integriert sich praktisch nahtlos in das Browserfenster. Sie erkennen das an der zusätzlichen Symbolleiste, die dabei eingeblendet wird.

Sieht aus wie eine Webseite, ist aber ein PDF-Dokument: Bei vielen PDF-Dateien wird das Dokument direkt im Fenster des Internet Explorers eingeblendet.

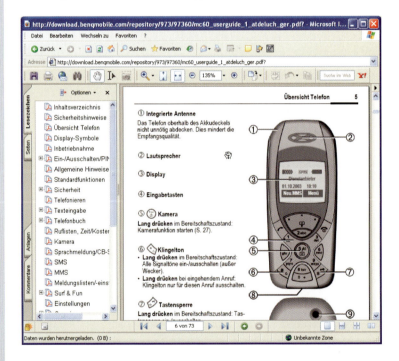

Sie können den Adobe Reader auch „solo", also ohne PDF-Dokument starten, indem Sie auf die *Start*-Schaltfläche (unten links auf Ihrem Bildschirm) klicken und den Befehl *Alle Programme | Adobe Reader* aufrufen. Adobe Reader startet dann mit einem leeren Fenster. Über den Befehl *Datei | Öffnen* können Sie jetzt jede beliebige PDF-Datei auf Ihrem PC starten.

Werkzeuge zum besseren Surfen

Info

Microsofts Antwort auf PDF: Das XPS-Format

PDF-Dokumente sind aus dem Internet nicht mehr wegzudenken. Aber PDF bekommt Konkurrenz – vom Rivalen Microsoft. Mit Einführung des Betriebssystems Windows Vista im Frühjahr 2007 präsentiert Microsoft eine eigene Lösung für die Darstellung von Dokumenten im Internet. Der Name: XPS (**X**ML **P**aper **S**pecification). XPS bietet die gleichen Vorzüge wie PDF, allerdings brauchen Sie für XPS ein eigenes Darstellungsprogramm. Bei Windows Vista ist es bereits an Bord. Für ältere Betriebssysteme bietet Microsoft auf seiner Webseite (www.microsoft.de) einen XPS-Viewer kostenlos zum Download an. Ob sich XPS gegen PDF durchsetzen kann, wird die Zeit zeigen. Vermutlich werden in Zukunft beide Dokumentformate ebenbürtig nebeneinander existieren.

Für Videos: Apple QuickTime

Spätestens, seit immer mehr PCs mit einem schnellen DSL-Anschluss an das Internet angebunden sind, entwickelt sich dieses mehr und mehr zum Unterhaltungsmedium. Selbst Filme und Videos gibt es heute im Internet.

DSL-Anschlüsse sind flott genug, um Trailer, kurze Filmsequenzen und sogar komplette Spielfilme zu übertragen. Aus dem eigenen PC wird damit im Handumdrehen ein kleiner Fernseher.

Allerdings ist bei den Softwarefirmen ein regelrechter Kampf um das beste Filmformat für das Internet entbrannt. Ähnlich war es bei den konkurrierenden Videorekordersystemen in den 8oer-Jahren oder den beiden DVD-Formaten DVD+R und DVD-R für DVD-Brenner, ebenso vergleichbar ist der derzeit ausgefochtene Machtkampf zwischen den DVD-Nachfolgeformaten HD-DVD und Blu-ray.

Etabliert haben sich zwei wichtige Filmformate für das Internet: WMV (Windows Media File) von Microsoft und QuickTime der Firma Apple. Auf jeder guten Multimediawebseite finden Sie mindestens eines der beiden Formate für Internetvideos.

So geht's:

Filme im WMV-Format lassen sich problemlos mit jedem Windows-XP-PC abspielen; Windows hat hierzu den eigenen Media Player an Bord. Die weitverbreiteten QuickTime-Filme kann Windows allerdings nicht präsentieren. Hierzu benötigen Sie den QuickTime-Player der Firma Apple. Den erhalten Sie kostenlos und er ist schnell installiert:

Richtig und sicher surfen

1. Starten Sie den Internetbrowser und öffnen Sie die Webseite www.apple.de.
2. Klicken Sie dort auf das Registerkärtchen *QuickTime*.
3. Auf der Webseite erhalten Sie eine kurze Übersicht über den QuickTime-Player. Um ihn herunterzuladen, klicken Sie auf *Gratis laden*.
4. Auf der linken Seite der nächsten Webseite können Sie vor dem Download noch entscheiden, ob Sie von Apple in Zukunft weitere Mitteilungen per E-Mail erhalten möchten. Falls ja, wählen Sie per Mausklick die gewünschten Informationen aus und geben Ihre E-Mail-Adresse ein. Sie können den QuickTime-Player aber auch ohne Angabe der E-Mail-Adresse herunterladen. Deaktivieren Sie hierzu alle Kontrollkästchen und klicken Sie dann auf *Jetzt gratis laden*.

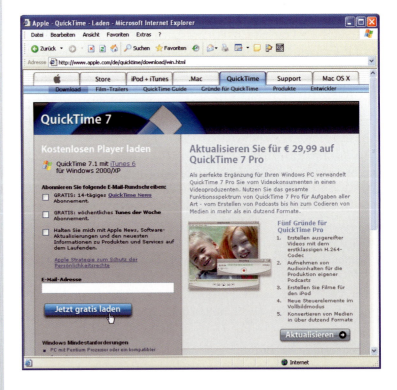

Auf der Webseite von Apple finden Sie den kostenlosen QuickTime-Player.

5. Im folgenden Dialogfenster klicken Sie auf *Ausführen*, um nach dem Download sofort mit der Installation des Players zu starten.
6. Sobald der Download abgeschlossen ist, genügt ein Mausklick auf *Ausführen*, um mit der Installation zu beginnen.

7. Folgen Sie einfach den Anweisungen des Installationsassistenten, um die Installation abzuschließen.

Nach der Installation können Sie gleich loslegen und Ihren ersten QuickTime-Film betrachten. Hierfür lohnt sich ein Blick auf die Webseite www.apple.com/de/quicktime, auf der Sie eine Fülle von Filmtrailern und Videos finden. Viel Kinovergnügen am PC.

Auf zahlreichen Webseiten finden Sie Filme im QuickTime-Format. Der QuickTime-Player sollte daher auf keinem Internet-PC fehlen.

Zum Hören: RealPlayer

Radio hören und Musik genießen – auch das gehört im Internet fast schon zum Alltag. Fast alle Radiosender bieten Livestreams – Echtzeitmitschnitte – ihrer Sendungen an. So können Sie auch ohne Radiogeräte am heimischen PC Ihren Lieblingssender hören.

Allerdings geht das wiederum nur, wenn der passende Player, das entsprechende Abspielprogramm, installiert ist. Viele Radiosender stellen ihre Sendungen im Real-Format zur Verfügung. Auch viele Musik- und Comedy-Webseiten verwenden das Real-Audio-Format. Es kommt praktisch immer dann zum Einsatz, wenn es darum geht, längere Musikstücke oder Wortbeiträge via Internet anzubieten.

Richtig und sicher surfen

So geht's:

Um in den Genuss von Radiosendungen und anderen Real-Audio-Dateien zu gelangen, müssen Sie zunächst den RealPlayer installieren. Den erhalten Sie kostenlos von der Webseite des Herstellers:

1. Rufen Sie im Internetbrowser die Webseite germany.real.com/player auf. Wichtig: Geben Sie die Adresse ohne anführendes „www." ein.
2. Klicken Sie im rechten Bereich der Webseite unterhalb von *Unser Standardplayer gratis* auf *Jetzt herunterladen*.
3. Auf der nächsten Seite klicken Sie auf die Schaltfläche *RealPlayer-Download starten*.
4. Klicken Sie auf *Ausführen*, um den Download zu beginnen.

Achtung

Vom RealPlayer gibt es zwei Versionen: eine kostenpflichtige Version namens RealPlayer Plus und eine Gratisversion. Für den Heimbereich reicht die kostenlose Variante erst einmal aus.

5. Im nächsten Fenster klicken Sie erneut auf *Ausführen*. Es erscheint der Downloadmanager von Real, der die restlichen Dateien zur Installation herunterlädt.
6. Folgen Sie den Anweisungen des Installationsassistenten, um die Installation abzuschließen.

Werkzeuge zum besseren Surfen

Nach der Installation können Sie gleich die ersten Webseiten besuchen, die zum Beispiel das aktuelle Radioprogramm per Internet ausstrahlen. Empfehlenswert sind hier die Webseiten

- www.ard.de/radio/alle-wellen/
- radio.real.com (ohne „www.")

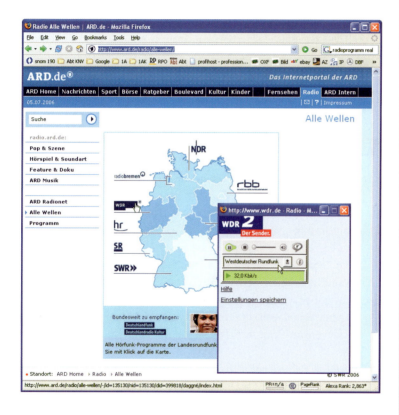

Mit dem kostenlosen RealPlayer ist Ihr PC gut gerüstet fürs Radiohören.

Zum Spielen: Flash und Shockwave

Viele Webseiten möchten um jeden Preis auffallen. Sie würden gern herausstechen aus der Flut der Internetauftritte. Das geht oft nur mit einem optischen Feuerwerk. Wenn auf der Webseite aufwendige Grafiken oder Animationen erscheinen, wenn es blinkt und zappelt oder ansprechende Navigationselemente zu sehen sein sollen, sind entsprechende Erweiterungen erforderlich.

Die mit Abstand bekannteste Erweiterung ist Flash von Adobe. Auch Flash gibt es kostenlos und sollte heute auf keinem modernen

Richtig und sicher surfen

PC fehlen. Ganz einfach deswegen, weil viele Webseiten Flash voraussetzen. Es ist nicht lebensnotwendig, macht das Surfen aber oft angenehmer. Leider übertreiben es einige Webseiten und empfangen den Besucher mit einem Flash-Einleitungsfilm, bevor sich die eigentliche Startseite darstellt. Zum Glück können Sie diese Begrüßungen oft per Mausklick auf *Intro überspringen*, *Skip Intro* oder *Weiter* überspringen.

Auch gibt es mittlerweile viele Anbieter, etwa Spiegel Online oder den WDR, die Audios und Videos im Flash-Format anbieten. Das bedeutet: Nur wer Flash installiert hat, kann sich Filme anschauen oder Audios anhören.

Flash ist kostenlos und schnell auf dem eigenen Rechner eingerichtet. Es sorgt auch für Unterhaltung, denn viele Onlinespiele im Netz setzen ebenfalls auf Flash.

So geht's:

Zur Installation von Flash sind folgende Schritte notwendig:

1. Starten Sie den Internetbrowser und rufen Sie die Webseite www.adobe.de auf.
2. Auf der Adobe-Webseite klicken Sie auf die Schaltfläche *Get Adobe Flash Player*. Falls Sie die Schaltfläche nicht gleich finden, können Sie alternativ auch die Webseite
   www.adobe.com/de/products/flashplayer
   aufrufen und damit direkt zur Downloadseite gelangen.
3. Klicken Sie auf *Jetzt installieren*, um mit der Installation zu beginnen.
4. Windows beginnt sofort mit der Installation des Flash-Players.

Wichtig: Auf den meisten PCs erscheint am oberen Rand des Internet-Explorer-Fensters ein gelber Warnhinweis. Aus Sicherheitsgründen blockiert der Internet Explorer die Installation. Um die Installation abzuschließen, klicken Sie auf die gelbe Leiste und wählen anschließend den Befehl *ActiveX-Steuerelement installieren*. Der Internet Explorer setzt die Installation daraufhin fort.

Bei alternativen Browsern wie Firefox oder Opera erscheint ebenfalls ein entsprechender Warnhinweis. Der Download startet erst, wenn Sie per Mausklick Ihre Zustimmung dazu erteilen.

5. Bestätigen Sie den folgenden Sicherheitshinweis per Mausklick auf die Schaltfläche *Installieren*.

Tipp

Adobe bietet auf der Downloadseite zusätzlich die Möglichkeit, die Yahoo!-Toolbar gleich mit zu installieren. Für Flash-Spiele ist die Toolbar aber nicht notwendig. Es empfiehlt sich daher, das Kontrollkästchen *Yahoo!Toolbar* vorher zu deaktivieren.

Werkzeuge zum besseren Surfen

Mit einem Mausklick auf die gelbe Leiste am oberen Rand geht es weiter mit der Flash-Installation.

Nach wenigen Augenblicken ist die Flash-Installation abgeschlossen – erkennbar am Hinweis *Adobe Flash Player wurde erfolgreich installiert*.

Flash ist installiert; die Onlinespiele können kommen. Jetzt gilt es nur noch, die besten Flash-Spiele zu finden. Das ist gar nicht so schwer. Im Internet gibt es zahlreiche Portale, die sich darauf spezialisiert haben. Auf folgenden Webseiten finden Sie jede Menge kostenloser Flash-Spiele für zwischendurch.

- flash.plasticthinking.org
- www.flashspiele.de
- www.flash-game.net

Herzlichen Glückwunsch: Ihr Computer spricht jetzt auch Flash – die Sprache vieler Onlinespiele.

Zusätzlich finden Sie auf vielen anderen Seiten einzelne Flash-Spiele. Wie wäre es zum Beispiel mit einer Runde Sudoku? Zu finden auf der Webseite www.kostenlos.de/games/sudoku/index.html.

Spiele wie Sudoku machen dank Flash richtig Spaß.

Richtig und sicher surfen

Shockwave, der kleine Bruder von Flash

Keine Frage: Flash ist bei vielen Webseiten erste Wahl, wenn es um Interaktion und Spiele geht. Doch neben Flash gibt es eine weitere weitverbreitete Technologie namens Shockwave. Die ermöglicht ebenso die Programmierung von Spielen oder von faszinierenden optischen Effekten auf Webseiten. Shockwave ist praktisch der kleine Bruder von Flash. Der größte Unterschied: Während Flash sich bestens für Spiele eignet, sorgt Shockwave für optische Leckerbissen auf Webseiten.

Achtung

Gewinnspiele und Ihre Adresse

Flash und Shockwave kommen insbesondere bei Gewinnspielen im Internet zum Einsatz. Die sehen gut aus und machen Spaß. Dabei sollten Sie aber stets im Hinterkopf behalten, dass viele Gewinnspielanbieter Ihre Adresse auch für Werbezwecke verwenden. Einige Anbieter koppeln mit der Gewinnspielteilnahme eine Weiterverwendung oder einen Verkauf Ihrer Adressdaten. Im Zweifelsfall verzichten Sie lieber auf die Eingabe persönlicher Daten.

Dank Shockwave sind viele Webseiten nicht nur langweilige Textwüsten, sondern mit beeindruckenden Multimediaeffekten – darunter leider auch viel Werbung – gespickt. Spektakuläre Menü-Animationen oder Adventskalender „zum Aufklappen" sorgen für einen hohen Unterhaltungswert.

So geht's:

Für die Darstellung von Shockwave-Inhalten benötigen Sie den Shockwave-Player, den Sie kostenlos von der Adobe-Webseite erhalten:

1. Rufen Sie im Internetbrowser die Webseite www.adobe.de auf.
2. Klicken Sie im unteren Bereich der Webseite auf die Schaltfläche *Get Adobe Shockwave Player*. Sollte die Schaltfläche nicht sichtbar sein, können Sie alternativ auch direkt die Webseite www.adobe.com/shockwave/download aufrufen.
3. Auf der nächsten Webseite klicken Sie auf die Schaltfläche *Jetzt installieren*.
4. In den meisten Fällen erscheint daraufhin eine Sicherheitswarnung des Internetbrowsers. Bestätigen Sie die Warnung mit *OK*, um mit der Installation fortzufahren. Alternativ können Sie beim Internet Explorer auf die gelbe Leiste am oberen Rand des Fensters

klicken und den Befehl *ActiveX-Steuerelement installieren* aufrufen.
5. Nach wenigen Augenblicken ist Shockwave installiert. Es erscheinen die Meldung *Installation abgeschlossen* sowie ein erster kleiner Shockwave-Film.

Die Erweiterung Shockwave ist schnell installiert.

Alternative Browser: Firefox und Opera

Eigentlich ist der Internet Explorer von Windows ein praktisches Programm: Es bietet alle wichtigen Funktionen für das bequeme Surfen im Internet und ist von Anfang an bei jedem Windows mit dabei. Leider ist der Internet Explorer auch das Einfallstor für Viren, Würmer und Hacker. Zahlreiche Sicherheitslöcher erlauben es Hackern, über manipulierte Webseiten auf fremde PCs zuzugreifen, sie zu manipulieren oder Daten auszuspionieren. Zwar bietet Microsoft regelmäßig Sicherheitsupdates, die auch schnellstens installiert werden sollten, fast täglich werden aber neue Sicherheitslücken bekannt.

Zum Glück ist der Internet Explorer nicht allein auf der Welt. Es gibt zahlreiche Alternativen, die ebenfalls kostenlos sind und teilweise in Sachen Funktionalität, Geschwindigkeit und vor allem Sicherheit dem

Internet Explorer weit überlegen sind. Die alternativen Browser sind allerdings auch nicht fehlerfrei und weisen ebenfalls teils eklatante Sicherheitslücken auf. Dass bei diesen Programmen weniger passiert, liegt oft nur daran, dass sich die Mehrzahl der Hacker auf die Lücken des weitverbreiteten Internet Explorers statt auf die Nischenprodukte stürzt – dort ist die Chance, ein Opfer zu finden, einfach höher. Doch gilt auch bei alternativen Browsern: Stets die aktuellsten Updates installieren!

Ein alternativer Browser gehört zwar nicht unbedingt auf jeden Internet-PC, wer allerdings offen für noch mehr Komfort beim Surfen ist, kann ruhig mal einen Blick auf die Konkurrenz werfen. Vielleicht gefällt Ihnen ja der eine oder andere Browser besser als der Internet Explorer. In Sachen Bedienkomfort und Sicherheit ist Firefox besonders empfehlenswert.

Sie müssen dem Internet Explorer auch nicht gleich den Rücken kehren. Sie können problemlos mehrere Browser installieren und parallel damit arbeiten. Der Internet Explorer bleibt weiterhin auf dem PC – eine Rückkehr ist also jederzeit möglich. Wenn mehrere Browser auf dem PC installiert sind, können Sie selbst festlegen, welcher Ihr Lieblingsbrowser sein soll:

Sind mehrere Browser installiert, bestimmen Sie in der Systemsteuerung, welcher Ihr Lieblingsbrowser sein soll.

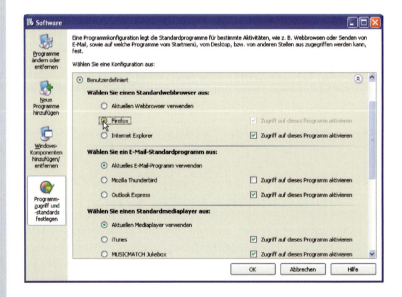

So geht's:

1. Öffnen Sie die Systemsteuerung (*Start | Systemsteuerung*) und klicken Sie auf *Software*.

2. Wechseln Sie in das Register *Programmzugriff und -standards festlegen*.
3. Klicken Sie auf *Benutzerdefiniert* und markieren Sie im Feld *Wählen Sie einen Standardwebbrowser aus* Ihren Lieblingsbrowser, zum Beispiel *Firefox*.
4. Schließen Sie das Dialogfenster mit *OK*.

Firefox – der Platzhirsch

Besonders beliebt ist der Browser Firefox. Er verwöhnt mit vielen nützlichen Funktionen, zum Beispiel mit einem Pop-up- und Werbeblocker, der auf Wunsch Werbefenster ausblendet. Das **Tabbed Browsing** (Surfen mit Registerkarten) ermöglicht den gleichzeitigen Besuch mehrerer Webseiten in nur einem einzigen Fenster. Eine Funktion, die erst der allerneueste Internet Explorer von Windows Vista beherrscht.

Die Browseralternative Firefox sieht aus wie der Internet Explorer, bietet aber mehr Funktionen, Komfort und Sicherheit.

Ganz besonders praktisch und bequem sind die Mausgesten. Sie erlauben, den Browser ohne einen Tastendruck zu steuern. Zum Vor- oder Zurückblättern oder zum Öffnen eines neuen Fensters reicht eine ganz bestimmte Mausbewegung. Wer eine Seite zurückblättern möchte, muss nur die rechte Maustaste gedrückt halten und die Maus kurz nach links bewegen. Das funktioniert jederzeit, unabhängig davon, wo sich der Cursor gerade befindet.

Richtig und sicher surfen

So geht's:

Wer einmal über den Tellerrand schauen und den alternativen Browser Firefox ausprobieren möchten, kann ihn kostenlos von der Webseite www.mozilla.com oder www.mozilla-europe.org/de/products/firefox/ herunterladen.

Besonders praktisch: Wenn Sie Firefox zum ersten Mal installieren, importiert das Programm automatisch die „alten" Einstellungen aus dem Internet Explorer. Dazu gehören alle Favoriten, Cookies und sogar gespeicherte Passwörter. Über den Befehl *Datei | Importieren* ist der Import auch jederzeit nachträglich möglich.

Info

Firefox gibt es nicht nur für Windows. Er ist auch für die Betriebssysteme Mac OS, Linux, Solaris, BeOS und OS/2 erhältlich.

Die deutsche Version des Firefox-Browsers erhalten Sie kostenlos von der Webseite www.mozilla-europe.org/de/products/firefox.

Eine der spannendsten Funktionen des Firefox sind die Extensions, die den Browser um weitere Funktionen erweitern. Programmierer aus aller Welt spendieren dem „Feuerfuchs" fast täglich neue Add-ons oder auch Plug-ins (Erweiterungen, die einfach „eingestöpselt" werden). So gibt es beispielsweise ein Übersetzungsmodul, das Ihnen per Mausklick jedes fremdsprachige Wort auf einer beliebigen Webseite übersetzt.

Werkzeuge zum besseren Surfen

Für den Firefox gibt es Hunderte Erweiterungen, beispielsweise einen komfortablen Downloadmanager.

Opera – Komfort aus Norwegen

Neben dem Firefox gibt es weitere interessante Browser mit ähnlich praktischen Zusatzfunktionen. Die sind zwar nicht so verbreitet wie Firefox – Ausprobieren lohnt sich aber immer.

Sehr komfortabel und schnell ist Opera aus Norwegen. Er ist ebenfalls mit wenigen Mausklicks installiert und glänzt mit tollen Funktionen wie den Widgets. Das sind kleine Minianwendungen wie Nachrichtenticker, Wetterberichte, Spiele oder Webradio.

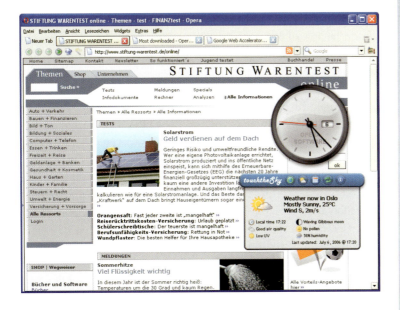

Auf Wunsch lässt sich der Browser Opera um kleine Minianwendungen (Widgets) wie Uhr oder Wetterbericht erweitern. Sehr praktisch.

Richtig und sicher surfen

> **So geht's:**

Sie finden den Opera-Browser als kostenlosen Download auf der Webseite www.opera.com. Opera gibt es nicht nur für die Windows-Welt, sondern auch für andere Betriebssysteme wie Solaris, QNX, Mac OS, OS/2, Linux und BeOS. Sogar für internetfähige PDAs, Handys und Smartphones sind spezielle Opera-Versionen verfügbar.

Alles aus einer Hand: Google Pack

Adobe Reader, QuickTime, Shockwave und Flash – wer seinen Computer mit den wichtigsten Toptools zum Surfen ausstatten möchte, hat einiges zu tun. Jedes Tool muss von verschiedenen Webseiten einzeln installiert werden. Das kann ganz schön dauern.

Das hat sich die Firma Google auch gedacht und eine praktische Lösung entwickelt: Google Pack. Google hat hier einfach viele der wichtigsten Zusatztools zu einem handlichen Softwarepaket zusammengeschnürt. Die bereits vorgestellten Tools Adobe Reader, RealPlayer und der alternative Browser Firefox sind darin bereits enthalten, zusätzlich gibt es die folgenden Tools:

- **Google Desktop**
  Ein praktisches Programm, das Ihren PC nach E-Mails, Dokumenten und Fotos durchsucht.
- **Picasa**
  Ein leistungsfähiger Bildbetrachter zum Verwalten, Suchen und Bearbeiten eigener Fotos.
- **Google Toolbar**
  Eine praktische Erweiterung für den Internet Explorer zur direkten Suche bei Google. Beim mitgelieferten Browser Firefox ist die Google-Suche bereits von Haus aus integriert. Auch die Browseralternative Opera hat eine Google-Suche bereits an Bord.
- **Ad-Aware SE Personal**
  Ein „Saubermann", der Spyware auf dem Computer erkennt und sofort entfernt. Weitere Informationen zu Spyware und anderer schädlicher Software finden Sie im Kapitel *Surfen, aber sicher* (→Seite 96).
- **Norton AntiVirus Special Edition**
  Eine Testversion des kommerziellen Antivirenprogramms von Symantec. Vorsicht: Die Nutzung des Programms ist nur für den Testzeitraum von sechs Monaten kostenlos. Wenn Sie das Programm

Werkzeuge zum besseren Surfen

danach weiter nutzen möchten, müssen Sie es kaufen. Im Kapitel *Surfen, aber sicher* (→Seite 96) erfahren Sie ausführlich, wie Sie mit kostenlosen Virenscannern Schädlinge vom PC fernhalten.

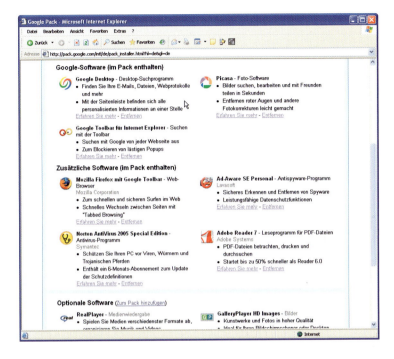

Im Google Pack vereint Google viele wichtige Zusatztools in einem Paket.

Info

Google Pack gibt es nur für Windows. Besitzer anderer Betriebssysteme müssen die einzelnen Tools weiterhin manuell installieren.

Das Praktische am Google Pack: Nur wenige Mausklicks genügen, und alle Tools sind heruntergeladen und installiert. Es gibt aber auch kritische Stimmen: Google Pack sei zwar eine Arbeitserleichterung, um in einem Rutsch wichtige Zusatzprogramme zu installieren, gleichzeitig versuche Google dabei aber, seine eigenen Softwareprodukte zu bewerben.

Die Kritik ist nur teilweise berechtigt. Während der Installation können Sie selbst entscheiden, ob Google Desktop oder die Google-Toolbar mitinstalliert werden sollen oder nicht. Die Google-Tools sind zwar kein Muss für den PC, praktisch sind sie aber allemal.

So geht's:

Um Google Pack zu installieren und dabei selbst zu entscheiden, welches Tool auf den Rechner kommt, gehen Sie folgendermaßen vor:

1. Rufen Sie die Webseite pack.google.de (ohne „www.") auf.
2. Klicken Sie auf *Google Pack herunterladen*.

Richtig und sicher surfen

Tipp

Unbedingt empfehlenswert sind Adobe Reader sowie RealPlayer. Alle anderen Paketteile sind nicht zwingend notwendig und mehr oder weniger Luxus.

Achtung

Wenn auf Ihrem PC bereits ein Antivirenprogramm installiert ist, sollten Sie das Paket *Norton AntiVirus* deaktivieren. Zwei Antivirenprogramme auf einem PC vertragen sich meist nicht und kommen sich nur gegenseitig in die Quere.

Sehr praktisch: Google Updater installiert gleich mehrere Zusatztools in einem Rutsch.

3. Klicken Sie auf der folgenden Seite auf den Link *Software hinzufügen oder entfernen*.
4. Jetzt können Sie selbst entscheiden, welche Teile des Google-Pakets installiert werden sollen. Sobald Sie Ihre Auswahl getroffen haben, klicken Sie ganz unten auf die Schaltfläche *Google Pack herunterladen*.
5. Auf der nächsten Webseite klicken Sie auf *Zustimmung und Download*.
6. Bestätigen Sie den Download per Mausklick auf *Öffnen* bzw. *Ausführen*.
7. Das Programm *Google Updater* installiert daraufhin nacheinander die ausgewählten Softwarepakete.

Nach der Installation können Sie gleich loslegen und die eingerichteten Zusatzprogramme nutzen. Besonders praktisch: Der Google Updater überprüft regelmäßig, ob neue Versionen der installierten Programme vorliegen, und bietet gleich die Aktualisierung per Mausklick an. Sie können die automatische Aktualisierung aber auch ausschalten.

So praktisch Google Pack auch ist, perfekt ist das Paket nicht. Zwar sind viele Zusatztools bereits enthalten – um Ihren PC für das optimale Surfvergnügen fit zu machen, sollten Sie aber zusätzlich die bereits genannten Erweiterungen QuickTime, Flash und Shockwave installieren (→ Seiten 13–21). Damit sind Sie dann bestens fürs Surfen gerüstet.

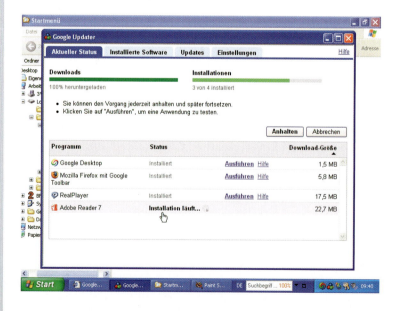

Richtig und sicher surfen

Kapitel 2:
Gut gesucht ist halb gefunden

Richtig und sicher surfen

Gut gesucht ist halb gefunden

Längst gibt es Milliarden von Webseiten im World Wide Web. Da die richtige herauszufischen, ähnelt der berühmten Suche nach der Nadel im Heuhaufen. Damit das Aufspüren passender Webseiten nicht in Frust und Verzweiflung endet, gibt es Suchmaschinen. Die Auswahl ist groß: Um die „richtige Nadel" ausfindig zu machen, ist eine geschickte Suche nötig. Doch mit den richtigen Tricks und Kniffen ist das Gesuchte in der Regel rasch gefunden.

Die richtige Suchmaschine wählen

Suchmaschinen sind für Datensurfer überlebenswichtig. Bei geschätzten 500 Milliarden Webseiten droht ohne Suchmaschine ein Ertrinken in der Informationsflut. Egal, zu welchem Thema Sie Informationen im Internet suchen – ob Kochrezepte, TV-Serien oder Reparaturanleitungen: Die Suchmaschine führt zum Ziel.

Die Betreiber von Suchmaschinen setzen dabei Suchroboter ein. Die grasen das Internet vollautomatisch nach neuen oder aktualisierten Seiten ab und stellen die Ergebnisse in der Suchmaschine zur Verfügung. Tausende dieser „Datencrawler" sind dabei gleichzeitig

Erste Wahl in Sachen Suchmaschinen: Google.

unterwegs, rund um die Uhr. Anders geht es bei der Menge an Seiten auch gar nicht. Redaktionell von Menschenhand gepflegte Kataloge gibt es zwar auch noch, sie können aber aufgrund der Fülle immer nur einen kleinen Teil der Internetvielfalt abdecken. Suchmaschinen sind da die bessere Wahl.

Aber welche Suchmaschine ist die beste? Auch hier gibt es die Qual der Wahl: Mehrere Hundert Suchdienste bieten allein im deutschsprachigen Raum ihre Hilfe an – und liefern mal mehr, mal weniger zufriedenstellende Ergebnisse.

Die meisten Internetbenutzer vertrauen Google. Google ist schnell, lässt sich einfach bedienen und liefert fast immer brauchbare Ergebnisse. Einfach die Webseite www.google.de aufrufen, Suchbegriff eingeben und Return (Enter) drücken.

Info

Woher hat Google seinen Namen?

Der Name Google basiert auf einem interessanten Wortspiel. 1938 erfand der US-amerikanische Mathematiker Edward Kasner den Ausdruck Googol, der eine Zahl mit einer Eins und einhundert Nullen (10 hoch 100) bezeichnet. Als die Google-Gründer 1998 auf der Suche nach einem Namen für die Suchmaschine und einer treffenden Bezeichnung für die Fülle an Internetseiten waren, nahmen sie kurzerhand die Wortschöpfung des Mathematikers und wandelten sie leicht ab. Google war geboren.

In Deutschland ist Google besonders beliebt. Rund 80 Prozent aller Suchanfragen laufen über Google. Die Suchmaschine ist sogar so populär, dass sie es bis in den Duden geschafft hat. Seit 2004 ist das Verb *googeln* (sprich: guhgeln), also das Suchen im Internet mit Google, fester Bestandteil des Rechtschreibdudens.

Gute Alternativen zu Google

Google ist nicht allein auf der Welt. Neben dem Platzhirsch gibt es viele Nebenbuhler, die um die Gunst der Internetnutzer werben. Und das ist gut so. Denn oft finden alternative Suchmaschinen bessere oder zumindest andere Suchergebnisse. Wenn Sie etwas bei Google nicht finden, empfiehlt sich der Besuch einer anderen Suchmaschine.

MSN Search – der größte Google-Konkurrent

Ähnlich gute Suchergebnisse wie Google liefert die Suchmaschine MSN von Microsoft, zu finden auf der Seite search.msn.de. Google und

Richtig und sicher surfen

MSN liefern sich ein Kopf-an-Kopf-Rennen um die Zahl der gelisteten Webseiten. Beide Suchmaschinen bringen es in ihren Datenbanken auf über acht Milliarden erfasste Webseiten.

Die Suchmaschine MSN von Microsoft ist fast genauso gut wie Google, hat aber wesentlich weniger Marktanteile.

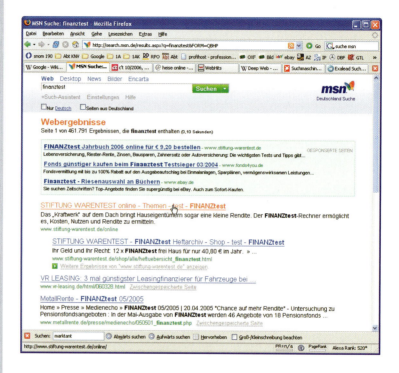

Trotz ähnlicher Suchergebnisse schafft es MSN nur auf einen Marktanteil von knapp fünf Prozent. Das wird sich mit Erscheinen der neuen Windows-Version Vista vermutlich ändern. Hier ist die MSN-Suche an prominenter Stelle im neuen Internet Explorer integriert. Standardsuchen gehen dann stets über die MSN-Suchmaschine. Das wird Google einige Marktanteile kosten. Für Sie als Internetnutzer kann das nur positiv sein. Schließlich belebt Konkurrenz das Geschäft und verbessert damit die Ergebnisse beider Suchmaschinen.

Info

Lange Zeit nutzte Yahoo! den Datenbestand von Google für die eigene Suchmaschine. Seit Ende 2004 setzt Yahoo! wieder auf eine eigene Suchtechnologie.

Yahoo! – eine der ersten Suchmaschinen

Zu den Pionieren im Bereich Suchmaschinen gehört das US-amerikanische Unternehmen Yahoo! Bereits seit 1994 – im Internetzeitalter eine kleine Ewigkeit – stellt Yahoo! unter der Adresse www.yahoo.de eine Suchmaschine für die weltweite Suche nach Webseiten zur Verfügung. Bis zum Ende der 90er-Jahre war Yahoo! die unangefochtene Nummer eins auf dem Suchmaschinenmarkt – bis Google kam.

Heute kommt die Suchmaschine Yahoo! in Deutschland zwar nur noch auf einen Marktanteil von knapp fünf Prozent, liefert aber noch immer sehr gute Suchergebnisse.

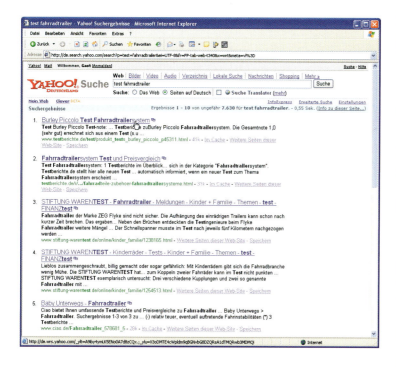

Die Suchmaschine von Yahoo! sieht auf den ersten Blick aus wie Google, liefert aber eigene Suchergebnisse. Das funktioniert sehr gut.

Quaero und Exalead – die Antwort aus Europa

Yahoo!, Google, MSN – die wichtigsten und besten Suchmaschinen kommen aus den USA. Medienexperten sehen darin die Gefahr einer wachsenden Monopolstellung. Die US-Suchmaschinen bekommen daher Konkurrenz aus Europa. Das deutsch-französische Projekt Quaero – lateinisch „Ich suche" – wurde im April 2005 gestartet und mit einem Entwicklungsbudget von 250 Millionen Euro ausgestattet, um gegen Google und Co. anzutreten.

Das Ergebnis kann sich bereits sehen lassen. Seit Ende 2005 ist unter der Adresse www.exalead.com/search eine erste Version der europäischen Suchmaschine am Start, initiiert vom französischen Suchmaschinenbetreiber Exalead. Knapp vier Milliarden Webseiten lassen sich durchforsten, Anfang 2007 soll mit einer Verdoppelung auf acht Milliarden Seiten der Anschluss an Google und MSN geschafft sein.

Auch wenn das europäische Projekt noch in den Kinderschuhen steckt, die Suchergebnisse überzeugen. Die Suchmaschine liefert rasend schnelle Treffer. Zudem glänzt sie mit pfiffigen Ideen wie einer

Richtig und sicher surfen

flotten Seitenvorschau oder Direktlinks, die mit einem Klick zu verwandten Themen und Kategorien führen. Ein vielversprechender Ansatz und eine lohnende Alternative zu Yahoo!, Google und MSN.

Die europäische Suchmaschine Exalead liefert schnelle und gute Ergebnisse.

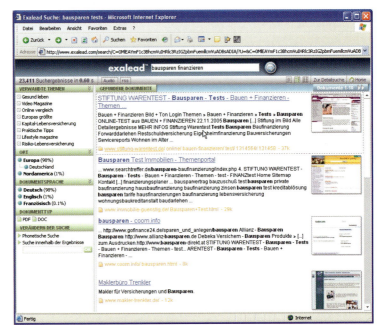

Wer noch mehr braucht: Meta-Suchmaschinen

Was Google nicht findet, liefert vielleicht Yahoo! – oder MSN – oder gar eine der vielen anderen Suchmaschinen. Zwar ist es eine gute Strategie, einen Suchbegriff gleich bei zwei, drei oder mehr Suchmaschinen einzugeben, die Mehrfacheingabe kostet aber jede Menge Zeit.

Für diese Aufgabe eignen sich die Meta-Suchmaschinen. Das sind Über-Suchmaschinen, die eine Anfrage an mehrere Suchmaschinen gleichzeitig schicken, alle Treffer sammeln und sie dann übersichtlich auf einer Seite präsentieren. Damit schlagen Sie praktisch mehrere Fliegen mit einer Klappe.

Zu den besten Meta-Suchmaschinen gehört Metager2, eine Weiterentwicklung der Metager-Suchmaschine der Universität Hannover. Metager2 (www.metager2.de) durchforstet blitzschnell alle wichtigen Suchmaschinen und sortiert alle Ergebnisse nach Relevanz.

Besonders erfreulich: Metager2 zeigt unterhalb eines jeden Treffers, bei welcher Suchmaschine der Begriff gefunden wurde und ob es sich dabei um Werbung handelt. Bei anderen Suchmaschinen sind Werbung und tatsächliche Treffer oft gar nicht voneinander zu unterscheiden.

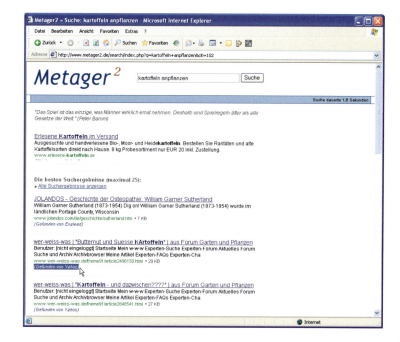

Alle auf einen Streich: Mit Meta-Suchmaschinen wie Metager2 durchsuchen Sie mehrere Suchmaschinen auf einmal.

Für jeden Zweck die richtige Suchmaschine

Trotz Suchmaschinen ist das Auffinden der gewünschten Seiten oft gar nicht so einfach. Das liegt mitunter daran, dass die falsche Suchmaschine zum Einsatz kommt. Wer zum Beispiel nach Bildern sucht, ist mit einer speziellen Bildersuchmaschine am besten bedient. Fachwissen findet sich am besten in einem Onlinenachschlagewerk.

Die Tabelle auf der folgenden Seite zeigt, welche Suchmaschine für den jeweiligen Zweck am geeignetsten ist.

Richtig und sicher surfen

Suche nach	Geeignete Suchmaschinen
Allgemeine Suche	Google (www.google.de) MSN Search (search.msn.de) Yahoo! (www.yahoo.de)
Bilder, Fotos, Grafiken	Google Images (images.google.de) MSN Images (search.msn.de/images) Yahoo! Images (de.search.yahoo.com/search/images)
Videos, Filme, TV-Ausschnitte	Google Video (video.google.de) Yahoo! Video (de.search.yahoo.com/video)
Nachrichten, Pressefotos	Google News (news.google.de) MSN News (de.newsbot.msn.com) Yahoo! Nachrichten (de.search.yahoo.com/news) Paperball (www.paperball.de)
Fachwissen	Wikipedia (www.wikipedia.de) Wissen.de (www.wissen.de) MSN Encarta (de.encarta.msn.com)
Patente	Depatis (www.depatisnet.de)
Produkte und Dienstleistungen	Wer liefert was (www.wlw.de)
Telefonnummern	Telefonbuch (www.dastelefonbuch.de) Gelbe Seiten (www.gelbeseiten.de)

Den optimalen Suchbegriff wählen

Suchen und Finden sind oft gar nicht so einfach, wie es auf den ersten Blick aussieht. Denn einfach einen Suchbegriff eingeben und auf gut Glück loslegen, das reicht oft nicht aus. Es ist die schier unglaubliche Zahl von knapp acht Milliarden Webseiten in den Datenbanken von Google und Co., die beim schnellen Drauflossuchen für Ernüchterung sorgt.

Oft liefern die Suchmaschinen zu einzelnen Suchbegriffen gleich Tausende oder sogar Millionen Treffer. Wer beispielsweise auf die Schnelle nach *Auto* sucht, steht knapp 170 Millionen Ergebnissen gegenüber. Nur selten steht gerade diejenige Webseite, die tatsächlich gesucht wird, dann auch ganz oben in der Trefferliste.

Gut gesucht ist halb gefunden

Wenn die Suchmaschine mehrere Millionen Webseiten ausspuckt, war der Suchbegriff zu allgemein.

Der Suchmaschine ist dabei kein Vorwurf zu machen. Sie kann nur nach dem forschen, was Sie ihr „hinwerfen". Gerade dann, wenn Tausende Ergebnisse und nicht das passende in der Trefferliste erscheinen, gilt es das Suchergebnis zu verfeinern. Mit den folgenden Tricks und Kniffen erhalten Sie garantiert bessere Treffer.

Die Suche verfeinern

Wenn die Suchmaschine zu viele Treffer ausspuckt, hilft nur eines: Verfeinern Sie die Suchanfrage. Je spezieller die Begriffe, desto besser.

So geht's:

Geben Sie bei der Suche nicht einfach einen Oberbegriff wie *Auto*, *Haus*, *Tiere*, *Gesundheit* usw. ein – hierzu gibt es einfach zu viele Webseiten. Wählen Sie stattdessen einen spezielleren Begriff. Statt *Auto* nehmen Sie zum Beispiel *Autoreparatur* oder *Autohaus* oder *Autowerkstatt* oder *Autokauf*.

Mehrere Suchbegriffe kombinieren

Eine der besten Strategien besteht darin, mehrere Suchbegriffe zu kombinieren. Je mehr Suchbegriffe Sie verknüpfen, desto genauer ist das Suchergebnis.

So geht's:

Sie suchen zum Beispiel eine Liste der Torschützenkönige der Fußballbundesliga? Dann sagen Sie es Google einfach genau so. Mit den Suchbegriffen

fußball bundesliga torschützenkönig

erhalten Sie auf der ersten Ergebnisseite genau die Webseiten, die Sie suchen. Einfach nach *Bundesliga* zu suchen, hätte mit knapp 13 Millionen zu viele Treffer ergeben, die falschen obendrein.

Generell gilt: Füttern Sie die Suchmaschine mit so vielen Stichworten wie möglich, um möglichst exakte Treffer zu erzielen. Die Suchmaschine fischt dann alle Seiten heraus, in denen alle eingegebenen Suchbegriffe vorkommen.

Info

Umlaute und Groß-/Kleinschreibung sind egal

Um die Groß- und Kleinschreibung sowie Umlaute (ä, ö, ü, ß) brauchen Sie sich bei den Suchbegriffen keine Sorgen zu machen. Ob Sie einen Suchbegriff groß- oder kleinschreiben: Das Ergebnis ist stets das gleiche. Auch Umlaute spielen keine Rolle: *Märchen* und *Maerchen* führen zum selben Ergebnis.

Richtig und sicher surfen

Je mehr Suchbegriffe Sie verwenden, umso passender sind die Treffer.

Wenn Sie feststellen, dass die Suche nicht zum gewünschten Ergebnis führt, tauschen Sie den einen oder anderen Begriff einfach durch ein ähnliches Stichwort aus. Beim obigen Beispiel kommen Sie auch durch folgende Kombinationen zu guten Ergebnissen:

bundesliga torschützen

liste fußball torschützen

statistik fußball bundesliga

Zusammenhängende Begriffe finden

Bei der Eingabe mehrerer Suchbegriffe durchforstet die Suchmaschine das Internet nach allen Seiten, in denen die aufgeführten Begriffe vorkommen – egal in welcher Reihenfolge.

Oft ist die Reihenfolge aber entscheidend, beispielsweise bei Firmennamen wie *Mercedes Benz* oder Fernsehfilmen wie *Der Hund von Baskerville* oder *Berlin, Berlin*.

So geht's:

Geben Sie zusammenhängende Begriffe in Anführungszeichen ein, damit auch wirklich nur die Webseiten zur gesuchten Fernsehserie

gefunden werden, zum Beispiel

„Berlin, Berlin"

Die Anführungszeichen weisen die Suchmaschine an, nur nach Webseiten zu fahnden, in denen die Suchbegriffe in genau der angegebenen Reihenfolge und Schreibweise vorkommen. Ohne Anführungszeichen würden bei unserem Beispiel nur allgemeine Webseiten über Berlin, nicht aber über die Fernsehserie *Berlin, Berlin* herauskommen.

Anführungszeichen sind bei der Suche nach zusammenhängenden Namen und Begriffen wichtig.

Info

Der, die, das und andere Füllwörter finden

Suchmaschinen sind clever: Unnötige Füllwörter wie Artikel (*der, die, das*) oder Konjunktionen (*und, aber, oder*) ignorieren sie einfach. Bei der Suche nach *Die Bundeskanzlerin* streicht die Suchmaschine den Artikel und sucht nur nach *Bundeskanzlerin*.

Mitunter sind aber gerade die Füllwörter wichtig, beispielsweise bei der Suche nach dem Buch *Der Butt* von Günter Grass. Sollen Suchmaschinen auch Füllwörter berücksichtigen, müssen Sie diese mit einem Pluszeichen versehen, zum Beispiel

+der butt

sein +oder nicht sein

Bilder finden

Ein Bild sagt mehr als tausend Worte. Diese sprichwörtliche Weisheit gilt auch (oder gerade) im Internet. Das Web ist voll von Bildern und kleinen Grafiken zu allen erdenklichen Themen. Sie aufzuspüren, ist dank Suchmaschinen ein Klacks.

Viele Suchmaschinen wie Google oder MSN Search haben einen eigenen Bereich für die Bildersuche. Dabei gelten die gleichen Regeln wie bei der normalen Websuche: Durch die Eingabe passender Suchbegriffe zeigen Ihnen die Suchmaschinen im Handumdrehen die gewünschten Bilder.

Richtig und sicher surfen

So geht's:

Um beispielsweise die besten Bilder rund um die Formel 1 aufzuspüren, gehen Sie folgendermaßen vor:

1. Rufen Sie die Webseite www.google.de auf. Alternativ hierzu können Sie auch die Bildersuche von MSN (search.msn.de) verwenden.

2. Klicken Sie auf der Startseite der Suchmaschine auf den Link *Bilder*. Damit wechseln Sie in den speziellen Bereich für die Bildersuche.

3. Geben Sie den gewünschten Suchbegriff ein, zu dem Sie Fotos finden möchten, und starten Sie die Suche per Mausklick auf *Bilder-Suche*. Auch hier gilt: Je spezieller Sie den Suchbegriff definieren oder je mehr Wörter Sie kombinieren, umso besser ist das Ergebnis.

4. Besonders praktisch ist die Möglichkeit, die Bilder nach Größe sortieren zu lassen. Klicken Sie hierzu auf die gewünschte Größe (*Groß*, *Mittel*, *Klein*) oder wählen Sie die gewünschte Größe aus dem Listenfeld *Angezeigt* aus. Wer die Bildersuche noch weiter einschränken möchte, kann per Mausklick auf *Erweiterte Bildersuche* die Suche sogar auf die Farbe der Bilder oder die Dateiarten wie JPG oder GIF eingrenzen.

Die Bildersuche von Google und MSN zeigt alle Bilddateien zum gesuchten Thema.

Gut gesucht ist halb gefunden

> **Info**
>
> **Bilder kopieren und weiterverwenden**
>
> Gefundene Bilder auf die eigene Festplatte zu kopieren, ist eine Leichtigkeit. Einfach mit der rechten Maustaste auf das Bild klicken und mit dem Befehl *Speichern unter* eine Kopie auf der Festplatte ablegen.
>
> Doch Vorsicht, wenn Sie die gespeicherten Bilder weiterverwenden und öffentlich präsentieren möchten, beispielsweise auf der eigenen Homepage. Fast alle Bilder im Internet unterliegen dem Urheberrecht. Vor einer Weiterverwendung müssen Sie den Urheber der Bilder um Erlaubnis bitten oder käuflich eine Lizenz zur Weiterverwendung erwerben.

Komplette Videos aufspüren

Die Bildersuche der Suchmaschinen ist eine feine Sache. Noch spannender ist die Suche nach kompletten Videos oder kurzen Videosequenzen. Spezialisiert auf die Suche nach bewegten Bildern haben sich die Suchmaschinen Google und Yahoo!

So geht's:

Um mit den Suchmaschinen Yahoo! und Google Videos aufzuspüren – zum Beispiel die neuesten Werbespots –, gehen Sie wie folgt vor:

1. Für die Videosuche von Google rufen Sie zunächst die Webseite video.google.com (ohne „www.") auf. Bei Yahoo! finden Sie Videos unter der Webadresse de.search.yahoo.com/video (ebenfalls ohne „www."). Die Videosuchfunktionen von Google und Yahoo! unterscheiden sich gewaltig: Während Sie bei Yahoo! auch Videos anderer Webseiten finden, listet Google nur die Videos auf, die auf den Google-eigenen Servern abgelegt sind. Wenn Sie zum Beispiel einen Film zum Olivenöltest der Stiftung Warentest suchen, der nur auf den Webseiten der Stiftung Warentest zu finden ist, ist die Videosuche von Yahoo! besser geeignet.
2. Geben Sie den gewünschten Suchbegriff ein und klicken Sie auf *Search* bzw. *Suche*. Dabei gelten die gleichen Tipps wie bei der Suche nach Webseiten: Kombinieren Sie möglichst viele Suchbegriffe, um die Trefferliste einzugrenzen.
3. Per Mausklick auf das Vorschaubild können Sie anschließend den gewünschten Film abspielen – vorausgesetzt, Sie haben bereits die passende Abspielsoftware auf Ihrem PC installiert. → Seite 13

Richtig und sicher surfen

Videos im Internet finden? Mit der Videosuche von Yahoo! kein Problem.

Hilfe aus der Newsgroupsuche

Info

Über 25 Jahre Fachwissen durchsuchen

Newsgroups gibt es seit Anfang der 80er-Jahre. Und genauso weit zurück reicht die Newsgroupsuche von Google. Mitunter stoßen Sie dabei auf Hilfestellungen und Beiträge von 1985 oder früher. Das macht aber nichts. Bei vielen allgemeinen Themen wie Kochrezepten oder Gartenarbeit sind auch 20 Jahre alte Ratschläge noch gültig und überaus hilfreich.

Das Internet ist nicht nur voller interessanter Webseiten. Es wimmelt auch von hilfsbereiten Menschen, die für fast jedes erdenkliche Problem eine Lösung parat haben. Ob die Toilette verstopft ist, Ihr PC mit einem Virus infiziert wurde oder Wühlmäuse Ihren Garten untergraben: Für fast jedes Anliegen findet Google im Handumdrehen Ratschläge, Tipps und Tricks – oder zumindest Erfahrungsberichte von Leidensgenossen.

Die hilfsbereite Gemeinschaft finden Sie in den Newsgroups, auch Usenet, User-Foren und Communities genannt. Hier gruppiert sich eine gigantische Gemeinschaft von Anwendern, die sich in Tausenden kleinen Untergruppen zusammengetan haben und sich gegenseitig helfen oder einfach nur über das gemeinsame Hobby plaudern – wie im heimischen Sportverein oder beim Themenstammtisch, allerdings durch virtuelle Treffen im Internet.

So geht's:

Zu jedem erdenklichen Thema – ob Dackelzucht, Mountainbiken oder Schädlingsbekämpfung – gibt es eine eigene Newsgroup. Falls Sie ein

Problem lösen möchten, zu welchem Thema auch immer, empfiehlt sich eine Newsgroupsuche:

1. Rufen Sie die Webseite groups.google.de (ohne „www.") auf. Sie können auch auf die Startseite von Google gehen und dort auf *Groups* klicken.
2. Sie befinden sich jetzt im Suchbereich für Newsgroups. Geben Sie den gewünschten Suchbegriff oder eine möglichst exakte Beschreibung des Problems ein. Wenn Sie beispielsweise Wühlmäuse im Garten haben und diese vertreiben möchten, suchen Sie nach

wühlmäuse garten vertreiben

3. Google zeigt Ihnen anschließend alle Newsgroupbeiträge, die sich mit dem Thema befassen. In den meisten Fällen erhalten Sie rasch Hilfe zum gesuchten Problem.

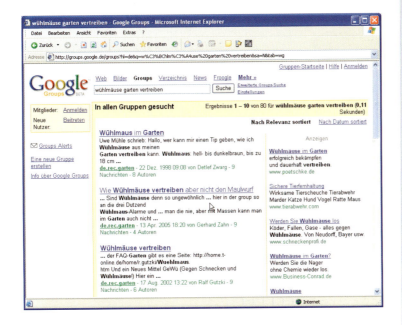

Welches Problem auch immer Sie beschäftigt: In den Newsgroups finden Sie oft kompetente Antwort.

Brandaktuelle Nachrichten finden

Bei Nachrichten und Meldungen aus aller Welt kommt es vor allem auf eines an: auf Aktualität. Zwar bietet die Tageszeitung jeden Morgen druckfrische Nachrichten, allerdings fast immer nur vom Vortag.

Wesentlich aktueller sind Onlinezeitungen. Hunderte Internetzeitungen und -magazine produzieren fast im Minutentakt brandneue

Richtig und sicher surfen

Nachrichten. Auf Webseiten wie www.focus.de, www.spiegel.de oder www.tagesschau.de verfolgen Sie damit praktisch live das Tagesgeschehen. Zu aktuellen Ereignissen erscheinen umgehend entsprechende Onlinebeiträge.

Bei so vielen Onlinenachrichtenseiten kann man leicht den Überblick verlieren, zumal auch im Internet das folgende Sprichwort gilt: „Nichts ist so alt wie die Zeitung von gestern." Alte Nachrichtenbeiträge verschwinden genauso schnell in den Archiven der Newsseiten, wie sie aufgetaucht sind.

Hier hilft die Newssuche von Google. Google News ist eine spezielle Suchmaschine, die sich ausschließlich auf Nachrichtenquellen wie Tageszeitungen, Nachrichtenmagazine oder Nachrichtensender spezialisiert hat. Dabei durchforstet Google alle 15 Minuten über 700 Nachrichtenquellen. Eine praktische Sache, wenn Sie zum Beispiel weitere Informationen zum gerade gewählten Unwort des Jahres suchen.

So geht's:

Das Durchsuchen von Nachrichten ist äußerst simpel: Rufen Sie die Webseite news.google.de (ohne „www.") auf und geben Sie den gewünschten Suchbegriff ein, zum Beispiel

unwort des jahres

Die Newssuche funktioniert dabei nach den gleichen Regeln wie die normale Websuche. Definieren Sie auch hier so präzise wie möglich die Suchanfrage, am besten durch die Eingabe gleich mehrerer Suchbegriffe.

efähr 25 für **unwort des jahres**. (0,09 Sekunden)
    Sortiert nach Relevanz   Sortiert nach Datum

In der Trefferliste erfahren Sie, welche Zeitung oder Nachrichtenagentur darüber berichtet hat und wann die Meldung erschienen ist. Besonders praktisch: Mit einem Mausklick auf den Link *Sortiert nach Datum* zeigt Google die neuesten Nachrichten an oberster Stelle.

Gut gesucht ist halb gefunden

Google News durchforstet über 700 Nachrichtenseiten.

Immer auf dem neuesten Stand mit Google Alerts

Auf dem Laufenden zu bleiben, ist oft gar nicht so einfach. Täglich finden neue oder aktualisierte Webseiten Einzug in die Suchmaschinen. Die Trefferlisten für viele Suchbegriffe sind morgen oft andere als heute.

Wenn Sie regelmäßig nach bestimmten Begriffen fahnden, um sich beispielsweise bei Themen wie EU-Erweiterung oder Kochrezepten immer über die neuesten Entwicklungen zu informieren, hat Google einen praktischen Service für Sie: Google Alerts.

Google Alerts informiert Sie auf Wunsch automatisch, sobald neue Webseiten oder Nachrichten zu Ihren Lieblingssuchbegriffen eintreffen. Sie erhalten dann eine E-Mail mit einer Übersicht aller thematisch passender Webseiten oder News. Google Alerts ist praktisch die Suchanfrage im Abonnement, dessen Ergebnisse Sie frei Haus in Ihr E-Mail-Postfach bekommen.

Richtig und sicher surfen

> **Achtung**
>
> **Nur spezielle Suchbegriffe**
>
> Damit Ihr E-Mail-Postfach nicht mit Google-Alerts-Meldungen überschwemmt wird, sollten Sie die Suchbegriffe vorher mit einer normalen Google-Suche testen. Erscheinen mehrere Millionen Treffer, werden vermutlich auch die Google-Alert-Meldungen keinen Nutzen bringen. Auch für Google Alerts gilt: Je spezieller die Suchanfrage definiert ist, desto wertvoller sind die Ergebnisse.

So geht's:

Um das kostenlose Suchabonnement abzuschließen, gehen Sie folgendermaßen vor:

1. Rufen Sie die Webseite www.google.de/alerts auf.
2. Geben Sie auf der folgenden Seite in das Feld Suchbegriffe die Begriffe ein, die Sie mit Google Alerts überwachen möchten, zum Beispiel

   „bayern münchen" podolski

3. Wählen Sie aus dem Listenfeld Typ aus, in welchen Datenbanken Google suchen soll. Zur Verfügung stehen

   - *News:* Suche in der Nachrichtendatenbank
   - *Web:* Suche nach Webseiten
   - *News & Internet:* Kombinierte Suche nach Webseiten und Nachrichten
   - *Groups:* Suche in den Newsgroupforen

4. Wichtig ist das Feld *Häufigkeit*. Hier bestimmen Sie, wie oft Google Alerts Sie über neu gefundene Webseiten oder Nachrichten informieren soll. Empfehlenswert ist eine wöchentliche Benachrichtigung.
5. Geben Sie Ihre E-Mail-Adresse an, an die Google die Benachrichtigungsmails schicken soll.
6. Klicken Sie auf die Schaltfläche *Alert erstellen*.

7. Um Missbrauch zu vermeiden, schickt Ihnen Google zunächst eine Bestätigungs-E-Mail. Erst, wenn Sie den in der Bestätigungs-E-Mail angegebenen Link anklicken, aktiviert Google das Suchabonnement.

Ab sofort erhalten Sie im gewünschten Rhythmus automatisch die neuesten Suchergebnisse per E-Mail. In jeder Benachrichtigungs-E-Mail finden Sie auch einen Link zum sofortigen Beenden des Abonnements. Sollten die Benachrichtigungs-Mails nicht bei Ihnen ankommen, überprüfen Sie gegebenenfalls Ihren Spamfilter. Einige Mail-Programme filtern die Benachrichtigungen fälschlicherweise als Spam (unerwünschte Werbung) aus. Setzen Sie in diesem Fall den Absender Google auf die Whitelist, die Liste der erwünschten Absender.

Google Alerts informiert Sie automatisch per E-Mail über neue Webseiten zu Ihren Lieblingssuchbegriffen.

Schneller suchen mit Google Toolbar und Google Desktop

Für viele Anwender ist Google als erste Anlaufstelle für die Suche nach interessanten Seiten, nach Nachrichten und Bildern zu allen erdenklichen Themen die wichtigste Webseite überhaupt. Es ist ja auch denkbar einfach: die Google-Seite aufrufen, Suchbegriffe eingeben – und schon geht's los.

Wenn Sie mehrmals am Tag die Google-Suche verwenden, kann das ständige Öffnen der Google-Seite aber sehr zeitraubend sein. Um noch schneller auf Google zugreifen zu können, stehen Ihnen kostenlos zwei praktische Tools zur Verfügung:

- **Google Toolbar**
  Mit der Google Toolbar erhalten Sie im Internet Explorer eine weitere Symbolleiste mit einem Eingabefeld für die direkte Suche bei Google.

So geht's:

Die praktische Suchleiste ist schnell installiert. Rufen Sie einfach die Webseite toolbar.google.de (ohne „www.") auf und klicken Sie auf

Richtig und sicher surfen

Google Toolbar herunterladen. Nach der Installation steht Ihnen im Internet Explorer ein neues Eingabefeld für Suchbegriffe zur Verfügung. Damit können Sie jederzeit eine Suchanfrage starten – egal, auf welcher Webseite Sie sich gerade befinden.

Die Google Toolbar ist installiert

Bei alternativen Browsern wie Firefox oder Opera ist die Installation der Google Toolbar überflüssig. Diese Browser haben bereits von Haus aus eine Leiste für die Google-Suche integriert.

- **Google Desktop**
  Der Desktop von Google geht noch einen Schritt weiter: Hier erhalten Sie das Suchfeld direkt in der Taskleiste am unteren Bildschirmrand von Windows. Damit können Sie sogar in Google suchen, ohne zuvor ein Browserfenster zu öffnen.

So geht's:

Um den Google Desktop zu installieren, rufen Sie die Webseite desktop.google.de (ohne „www.") auf und klicken auf *Download*. Nach der

Gut gesucht ist halb gefunden

Installation finden Sie unten rechts in der Taskleiste von Windows ein Eingabefeld für die Direktsuche bei Google. Mit einer Suche über die Taskleiste öffnen Sie auch gleich den Browser und stellen eine Onlineverbindung ins Internet her.

Was Google und Co. sonst noch draufhaben

Ganz klar: Suchmaschinen sind zum Suchen da. Zumindest war das in der Vergangenheit so. Heute sind Suchmaschinen weit mehr als nur willkommene Helfer zum Auffinden von Webseiten. Viele Suchmaschinen erweitern ihr Angebot um nützliche Zusatzdienste.

Englische Begriffe übersetzen lassen

Viele interessante Webseiten sind nur in englischer Sprache verfügbar. Kein Wunder, schließlich hat das Internet in den USA seine Wurzeln. Mit guten Englischkenntnissen ist das in der Regel auch kein Problem. Sollte das eine oder andere Wort unbekannt sein, können Sie die Wörterbuchsuche von Google befragen. Damit erhalten Sie im Handumdrehen das englische Pendant eines deutschen Begriffs – und umgekehrt.

Sehr praktisch: Google hat eine Übersetzungshilfe integriert.

Richtig und sicher surfen

So geht's:

Geben Sie in das Suchfeld von Google einfach den gewünschten Begriff, gefolgt von der Übersetzungsreihenfolge *Deutsch-Englisch* bzw. *Englisch-Deutsch* ein, beispielsweise

gurke deutsch-englisch

Als ersten Treffer erhalten Sie Links zu Online-Wörterbüchern, die Ihnen per Mausklick die passende Übersetzung liefern. In den meisten Fällen führt Sie Google direkt zum Wörterbuch der Webseite dict.leo.org, die in Zusammenarbeit mit der TU München kostenlose Übersetzungen anbietet.

Komplette Texte übersetzen

Wer nicht nur einzelne Wörter, sondern komplette Texte übersetzen lassen möchte, sollte einen Blick auf den Onlineübersetzer von Google werfen. Damit lassen sich ganze Textpassagen in mehrere Sprachen übersetzen; eine praktische Sache, um zum Beispiel auf die Schnelle eine E-Mail an die Brieffreundin oder den Geschäftspartner in Übersee übersetzen zu lassen. Sensible oder geheime Informationen sollten Sie damit aber nicht übersetzen lassen, da die eingegebenen Texte mitunter auf den Google-Servern gespeichert werden.

So geht's:

Das Übersetzen mit Google ist ganz einfach:

1. Sie finden das Übersetzungstool von Google auf der Webseite www.google.de/language_tools.
2. Hier müssen Sie nur noch in das Feld *Text übersetzen* die gewünschte Textpassage eingeben.

   Text übersetzen:
   ```
   Guten Tag Frau Schweer,
   unsere E-Mail-Adresse hat sich geändert.
   ```

3. Jetzt können Sie aus dem Feld *von* die gewünschte Sprache auswählen, zum Beispiel *Deutsch nach Französisch*. Google bietet Übersetzungen in alle wichtigen Weltsprachen an.
4. Klicken Sie auf *Übersetzen*, um die Übersetzung des Textes anzeigen zu lassen.

Tipp

Um eine E-Mail zu übersetzen, kopieren Sie einfach den kompletten E-Mail-Text in die Zwischenablage (*Bearbeiten | Kopieren*) und fügen ihn in das Feld *Text übersetzen* wieder ein (*Bearbeiten | Einfügen*).

Gut gesucht ist halb gefunden

Die Ergebnisse können sich sehen lassen, sind aber nicht immer perfekt. Hin und wieder schleichen sich Übersetzungsfehler ein. Die können Sie leicht überprüfen. Lassen Sie zum Beispiel Ihren Text vom Deutschen in die gewünschte Sprache übersetzen. Anschließend lassen Sie das Ergebnis – etwa die englische Übersetzung – wieder zurück ins Deutsche übersetzen. Übersetzungsfehler werden so gleich sichtbar.

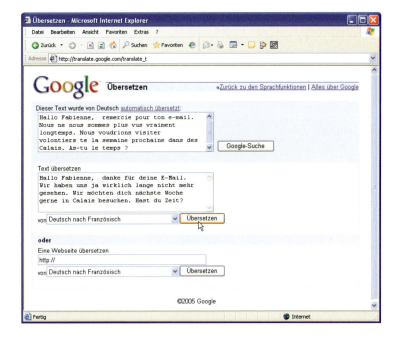

Mal eben ganze Texte übersetzen lassen? Mit den Language Tools von Google ist das kein Problem.

Die günstigsten Call-by-Call-Anbieter finden

Wer möglichst günstig telefonieren möchte, verwendet Call-by-Call-Anbieter. Mit der Vorwahl vor der Vorwahl lässt sich gerade bei Fern- und Auslandsgesprächen viel Geld sparen.

Allerdings ist der Markt der Call-by-Call-Anbieter äußerst undurchsichtig. Je nach Uhrzeit und Ziel ist mal der eine, mal der andere Anbieter am günstigsten. Um den momentan attraktivsten Tarif für eine Rufnummer herauszufischen, bietet Google eine praktische Suche an.

So geht's:

Geben Sie in das Suchfeld von Google einfach die gewünschte Rufnummer ein. Wichtig dabei: Trennen Sie die Auslands- oder Ortsvor-

Richtig und sicher surfen

> **Info**
>
> **Drei Ziffern reichen**
>
> Sie müssen nicht die komplette Telefonnummer eingeben. Nach der Vorwahl reichen auch drei beliebige Ziffern, zum Beispiel *089-123*. Für den Tarifvergleich ist sowieso nur die Vorwahl ausschlaggebend.

wahlen durch einen Bindestrich. Für ein Ferngespräch nach Dresden etwa in der Form

```
0351-123456
```

oder für ein Ferngespräch nach Nordamerika

```
001-604-123456
```

Auf der Ergebnisseite zeigt Google an der ersten Position einen Link, der Sie direkt zu einer Übersicht der günstigsten Call-by-Call-Anbieter für die eingegebene Nummer führt.

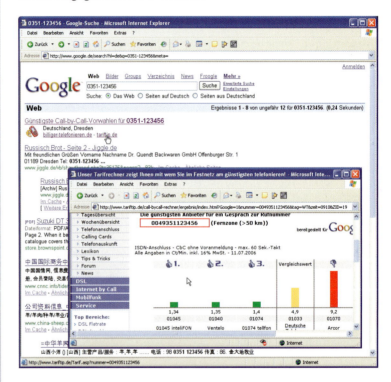

> Google führt Sie bei der Eingabe einer Telefonnummer direkt zu einer Übersicht der günstigsten Call-by-Call-Anbieter.

Wenn Sie per Modem oder ISDN ins Internet gehen, lohnt sich auch ein Vergleich der Internet-by-Call-Anbieter. Google bietet hierzu leider keinen eigenen Vergleich. Webseiten wie www.teltarif.de oder www.billiger-surfen.de verraten Ihnen aber, bei welchem Anbieter der Internetzugang am günstigsten ist.

Besonders praktisch sind Least Cost Router, die bei jeder Einwahl automatisch den jeweils günstigsten Internet-by-Call-Anbieter verwenden. Gute Least Cost Router für Modem- und ISDN-Internetzugänge sind Smartsurfer von web.de (www.web.de) und NetLCR von Oleco (www.netlcr.org).

Gut gesucht ist halb gefunden

Zugverbindungen abfragen

Wann geht der nächste Zug von Hamburg nach Rostock? Diese Frage beantwortet Ihnen die Bahn – oder, wenn es schnell gehen soll, die Suchmaschine Google.

So geht's:

Geben Sie in das Suchfeld einfach die gewünschte Zugverbindung ein. Trennen Sie dabei die beiden Ziele durch einen Bindestrich, zum Beispiel in der Form

Hamburg-Rostock

Als Ergebnis erhalten Sie an erster Position einen Direktlink zum Fahrplan der Deutsche Bahn AG.

Einfach Start- und Zielort (mit einem Bindestrich gekoppelt) eingeben – schon zeigt Google passende Zugverbindungen.

Aktuelle Aktieninformationen

Ob T-Aktie, Aktie Gelb oder Borussia Dortmund: Wie die Aktien gerade stehen, verrät Ihnen die Google-Suche per Mausklick. Sie brauchen

Richtig und sicher surfen

hierzu lediglich die Wertpapierkennnummer (WKN) oder die ISIN (International Securities Identification Number) der Aktie.

So geht's:

Geben Sie die WKN bzw. ISIN in das Suchfeld von Google ein und klicken Sie auf *Suche*. Für die Aktie der DaimlyerChrysler AG reicht zum Beispiel die Eingabe der Wertpapierkennnummer

710000

Auf der Ergebnisseite finden Sie an oberster Position einen Link, der Sie direkt zu aktuellen Kursinformationen des Wertpapiers führt.

Die Eingabe der Wertpapierkennnummer genügt – schon führt Sie Google zu aktuellen Kursinformationen.

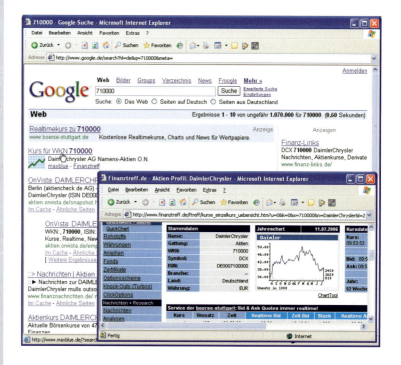

Stadtpläne finden

Egal, wohin Sie auch fahren, ob München, Rom, Paris oder Amsterdam – für viele Orte hat Google einen detaillierten Stadtplan parat.

So geht's:

Geben Sie in das Suchfeld einfach den Namen der gewünschten Stadt ein, zum Beispiel

Gut gesucht ist halb gefunden

Krefeld

Bei fast allen Städten zeigt Google auf der Ergebnisseite an erster Stelle Links zu passenden Stadtplänen. In den meisten Fällen steht dabei der eigene Dienst Google Maps zur Verfügung, oft aber auch ViaMichelin oder Map24.

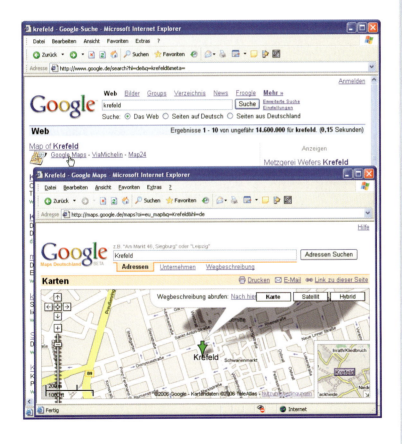

Wo ist der Schwanenmarkt in Krefeld? Google Maps und weitere Stadtpläne verraten es Ihnen.

Google als Taschenrechner

Vielleicht geht es Ihnen genau so: Da hat man einen leistungsfähigen Computer zu Hause stehen, der Tausende Rechenaufgaben pro Sekunde durchführen kann – und neben der Tastatur liegt noch immer der gute alte Taschenrechner, für schnelle Berechnungen zwischendurch.

Das ist auch trotz eines schnellen Computers sinnvoll. Schließlich ist der Windows-eigene Taschenrechner tief im *Start*-Menü versteckt. Bis dieses Programm gestartet ist, hat man die Rechenaufgabe schnell in den herkömmlichen Taschenrechner eingetippt.

Wenn Sie den Windows-Taschenrechner schneller starten möchten, legen Sie einfach eine Verknüpfung auf den Windows-Desktop. Hierzu klicken Sie zunächst mit der rechten (!) Maustaste auf einen freien Bereich des Windows-Desktops und wählen den Befehl *Neu | Verknüpfung*. Geben Sie anschließend als Verknüpfungsziel den Pfad

`%SystemRoot%\System32\calc.exe`

ein und klicken Sie auf *Weiter*. Jetzt geben Sie nur noch den Verknüpfungsnamen *Taschenrechner* ein – und schon ist die Abkürzung zum Taschenrechner fertig.

Das Problem des versteckten Rechners in Windows hat auch Google erkannt und seiner Suchmaschine kurzerhand einen praktischen und unkomplizierten Taschenrechner spendiert, ideal für schnelle Berechnungen beim Surfen.

So geht's:

Mit Google rechnen ist äußerst simpel. Geben Sie in das Suchfeld einfach die Rechenaufgabe so ein, wie sie auch der Taschenrechner versteht, zum Beispiel

`129/1,16+86`

Ein Mausklick auf *Suchen* zeigt Ihnen dann sofort das Rechenergebnis, im obigen Beispiel 197,206897.

Der Google-Taschenrechner arbeitet dabei nach den üblichen mathematischen Regeln. Punktrechnung (Multiplikation, Division) kommt vor Strichrechnung (Addition, Subtraktion). Mit entsprechenden Klammern können Sie die Reihenfolge genau festlegen, zum Beispiel

`129/(1,16+86)`

Dem Google-Taschenrechner ist es übrigens egal, ob Sie bei Dezimalzahlen das Komma oder den im englischsprachigen Raum benutzten Punkt als Dezimaltrennzeichen verwenden. Die Eingabe von *1,4 + 1,8* und *1.4 + 1.8* führt zum selben Ergebnis.

Gut gesucht ist halb gefunden

Rechenaufgaben sind für Google eine Kleinigkeit.

  (129 / 1,16) + 86 = 197,206897

Mehr Informationen.

Suchen Sie nach Ergebnissen mit diesem Suchbegriff *129/1,16+86*.

Wie es sich für einen Taschenrechner gehört, beherrscht der Google-Rechner nicht nur die Grundrechenarten, sondern auch knifflige Fälle wie Wurzelberechnungen, Sinus, Cosinus und Logarithmus. Was im Google-Taschenrechner steckt, zeigt folgende Tabelle:

Operator	Funktion	Beispiel
+	Addition	11+53,5
-	Subtraktion	734-221
*	Multiplikation	17*4
/	Division	11/3
^	Exponent (x hoch y)	9^3
%	Modulo (Rest nach Division)	19%3
th root of	Wurzel von (x-te Wurzel von y)	5th root of 32
% of x	Prozent von x	19% of 200
sqrt(x)	Quadratwurzel	sqrt(64)
sin(x), cos(x), tan(x)	Trigonometrische Funktionen	sin(pi/4)
ln(x)	Logarithmus	ln(29)
log(x)	Logarithmus Basis 10	log(700)
x!	Faktor von x	4!

So geht's:

Der Google-Taschenrechner kann noch mehr: Besonders praktisch ist die schnelle Umrechnung von Längen- und Größeneinheiten. Geben Sie einfach die gewünschte Umrechnung so ein, wie Sie sie auch sprachlich darstellen würden, zum Beispiel

Richtig und sicher surfen

10 kilometer in miles

27 g in oz

2311 in roman numerals

1 in in mm

Wichtig ist lediglich, dass Sie die englischsprachigen Bezeichnungen (*miles* für Meilen oder *oz* für Unze oder *in* für Inch) verwenden.

Auch das kann Google: Umrechnung von Längen- und Größeneinheiten.

Google als Superglobus

Ein moderner Atlas gehört in jedes Bücherregal. Ein Globus steht in vielen Kinderzimmern. Fehlt eigentlich nur noch eine praktische Landkarte für den PC.

Die bekommen Sie kostenlos von Google. Der Globus für den Computer nennt sich Google Earth und ist mehr als nur die elektronische Variante des gedruckten Weltatlas. Google Earth ist ein virtueller Superglobus.

Wer sich immer schon mal virtuell auf die Reise um die Welt machen wollte, sollte unbedingt Google Earth auf seinem PC installieren. Hiermit drehen Sie die Weltkugel nach Herzenslust und tauchen praktisch aus dem Weltraum hinab durch die Wolkendecke auf die Erdoberfläche. Wohin Sie auch immer möchten, nach Kanada, Australien, China oder direkt in Metropolen wie New York, Rio oder Berlin – Google Earth bringt Sie mit wenigen Mausklicks an Ort und Stelle.

Und das im wahrsten Sinne des Wortes: Google Earth zeigt für viele Bereiche hochauflösende Satellitenbilder, die sogar einzelne Autos, Bäume und manchmal auch Personen sichtbar machen. Es ist schon spannend, das eigene Haus inklusive davor geparktem Auto aus dem Weltraum zu sehen.

Gut gesucht ist halb gefunden

Der kostenlose Globus für Ihren PC zeigt die Erde bis ins kleinste Detail. Hier das Berliner Olympiastadion aus der Vogelperspektive.

Auch, wer sich nur entfernt für Erdkunde interessiert, wird an Google Earth seine Freude haben, und sei es nur, um ein paar neugierige Blicke auf die eigene Nachbarschaft zu werfen. Die Qualität und Aktualität des Bildmaterials schwankt allerdings von Region zu Region. Oftmals sind die Bilddaten mehrere Jahre alt.

So geht's:

Den Superglobus erhalten Sie kostenlos von Google, die Installation erfordert nur wenige Schritte:

1. Starten Sie den Internetbrowser und rufen Sie die Webseite earth.google.de (ohne „www.") auf.
2. Klicken Sie in der linken Navigationsspalte auf *Downloads*.
3. Klicken Sie auf *Google Earth*.
4. Starten Sie den Download per Mausklick auf die Schaltfläche *Google Earth herunterladen*.

5. Mitunter erscheint am oberen Rand des Internet-Explorer-Fensters ein Hinweis, dass der Download aus Sicherheitsgründen blockiert wurde. Klicken Sie auf die gelbe Zeile mit dem Sicherheitshinweis und wählen Sie den Befehl *Datei downloaden*. Bei

59

Richtig und sicher surfen

alternativen Browsern wie Firefox oder Opera erscheint vor dem Download ein Warnhinweis. Bestätigen Sie das Dialogfenster, um mit dem Download fortzufahren.

6. Klicken Sie im folgenden Dialogfenster auf *Ausführen*.
7. Der Internetbrowser speichert Google Earth auf Ihrem Computer. Klicken Sie nach dem Download erneut auf *Ausführen*, um das Installationsprogramm zu starten.
8. Folgen Sie den Anweisungen des Installationsassistenten, um die Installation abzuschließen.

Nach der Installation können Sie gleich Ihre erste Reise um die Erde unternehmen. Starten Sie das Programm mit dem Befehl *Start | Alle Programme | Google Earth | Google Earth*.

Die Bedienung des virtuellen Globus ist einfach: Geben Sie oben links das gewünschte Ziel ein, zum Beispiel Ihren Wohnort. Die Eingabe der Stadt sowie der Straße genügt. Google Earth macht sich anschließend sofort auf die Reise zum gewünschten Ziel und zeigt – sofern eine Internetverbindung besteht – ein Satellitenfoto. Zwar sind noch nicht von allen Orten hochauflösende Fotos verfügbar, die Google-Datenbank wächst aber von Tag zu Tag.

Faszinierend: Google Earth bringt detaillierte Satellitenaufnahmen der Erde auf Ihren PC.

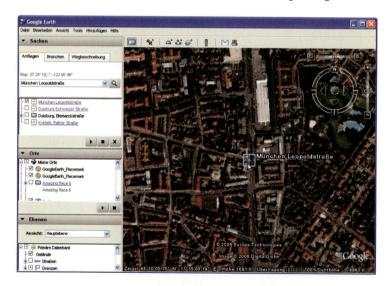

Die Bedienung von Google Earth ist erfreulich einfach:

Mit dem Mausrad lässt sich der Ausschnitt beliebig vergrößern oder verkleinern – von der Sicht aus dem Weltraum bis zur Nahaufnahme ist alles drin.

Mit gedrückter linker Maustaste verschieben Sie die virtuelle Landkarte in jede beliebige Richtung. Ein Flug über Deutschland oder den eigenen Wohnort ist damit schnell erledigt.

Google Earth hat noch viele spannende Zusatzfunktionen zu bieten. So können Sie leicht die Abstände zwischen zwei Orten messen oder eine Wegbeschreibung zu beliebigen Zielorten anzeigen lassen. Für die Urlaubsplanung blenden Sie auf Wunsch interessante Ziele wie Freizeitparks, Tankstellen oder Restaurants ein.

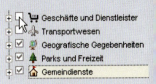

Suchmaschinen für den eigenen PC

Es ist schon verrückt: Da machen Suchmaschinen wie Google und Yahoo! weltweit alle nur erdenklichen Webseiten ausfindig, nur vor der eigenen Haustüre, auf dem eigenen PC, sind Briefe, Fotos und Musikdateien unauffindbar. Die Suchfunktion von Windows ist meist auch keine Hilfe – „zu ineffizient und zu langsam" lautet das Urteil vieler Windows-Anwender.

Da helfen nur Desktopsuchmaschinen, die wie Internetsuchmaschinen arbeiten – allerdings nur auf Ihrem PC zu Hause: Sie durchforsten Ihren Computer nach allen möglichen Dateien – Briefe, Fotos, Musiktitel usw. – und erzeugen einen mächtigen Index, der wie ein großes Inhaltsverzeichnis Ihres gesamten PCs funktioniert. Sobald Sie beispielsweise einen Brief oder ein Musikstück suchen, schlägt die Suchmaschine im Index nach und teilt Ihnen blitzschnell mit, wo die Datei zu finden ist. Dabei kommen oft die gleichen schnellen Techniken wie bei Internetsuchmaschinen zum Einsatz – diesmal aber für Ihren Heim-PC. Im Internet gibt es zahlreiche kostenlose Desktopsuchmaschinen. Die besten und bekanntesten sind:

Copernic

Als eine der besten, schnellsten und effizientesten Desktopsuchmaschinen gilt Copernic. Sie finden die Suchmaschine als kostenlosen Download auf der Webseite www.copernic.com.

Nach der Installation legt Copernic einen Index aller Daten Ihres PCs an. Das passiert automatisch im Hintergrund – immer dann, wenn der Computer gerade nichts zu tun hat. Mit Hilfe des Indexes kann Copernic dann blitzschnell die gesuchten Daten auffinden. Copernic durchsucht dabei alle Text-, Bild-, Musik- und Videodateien auf Ihrem PC. Obendrein können Sie damit E-Mails und Kontaktadressen von Outlook Express/Outlook ausfindig machen und im Internetbrowser die Favoriten und die Historie der besuchten Webseiten durchstöbern.

Richtig und sicher surfen

Mit Hilfe von Filtern lässt sich die Suche auch eingrenzen, zum Beispiel auf bestimmte Laufwerke oder Dateitypen. Besonders praktisch ist die Vorschaufunktion, die bereits bei der Suche einen ersten Blick in die gefundenen Dateien und E-Mails gestattet.

Desktopsuchmaschinen wie Copernic durchsuchen Ihren Computer nach Dateien und Dokumenten. Und das blitzschnell.

Google Desktop

Auch Google bietet eine Suchmaschine für den eigenen PC an. Google Desktop (desktop.google.com) durchsucht alle mit Microsoft Office erzeugten Dokumente, E-Mails (von Outlook, Outlook Express, Thunderbird und Netscape-Mail), PDF- und Multimediadateien, den AOL Instant Messenger und die History der Browser Internet Explorer und Firefox. Google Desktop ist aber weniger komfortabel als das Konkurrenzprodukt Copernic.

Yahoo! Desktop Search

Mit der Desktopsuchmaschine von Yahoo! (desktop.yahoo.com) durchsuchen Sie Ihre Text-, Bild-, Musik- und Videodateien. Auch E-Mails, deren Anhänge sowie Kontaktadressen von Outlook Express/Outlook durchforstet Yahoo! Desktop Search. Mit der Vorschaufunktion können Sie im Programmfenster auch gleich einen ersten Blick in die gefundenen Dateien werfen.

Egal, für welche Suchmaschine Sie sich auch entscheiden, bereits nach wenigen Versuchen werden Sie Ihre Lieblingssuchmaschine gefunden haben. Das gilt sowohl für die Internetsuche als auch die Dateisuche auf Ihrem eigenen PC. Viel Erfolg beim Suchen und Finden!

Richtig und sicher surfen
Kapitel 3: Richtig shoppen

Richtig und sicher surfen

Richtig shoppen

Schöne neue Shoppingwelt: Im Internet können Sie rund um die Uhr einkaufen. Ob Bücher, Kinokarten, Bananen oder Autos: Fast alles ist im Internet zu haben. Aber es gibt auch schwarze Schafe. Dieses Kapitel zeigt, wie Sie die besten Shops finden, wie Sie unseriöse Anbieter erkennen und worauf Sie beim Onlineshopping unbedingt achten müssen.

Produkte finden und Preise vergleichen

Einkaufen im Internet ist beliebt. Laut einer Studie der Gesellschaft für Konsumforschung informiert sich bereits mehr als die Hälfte der Deutschen zwischen 14 und 69 Jahren im Internet über Preise, Produkteigenschaften und Einkaufsmöglichkeiten. Neben Unterhaltungselektronik stehen vor allem Bücher, Veranstaltungstickets und Bekleidung auf der Hitliste der am häufigsten im Internet gekauften Waren. Und es lohnt sich: Viele Produkte gibt es im Internet wesentlich günstiger als in der Fußgängerzone.

Info

Preisvergleicher sind keine Shops

Auch wenn die Kataloge der Preisvergleicher vor Produkten und Waren überquellen – es sind keine eigenständigen Anbieter. Ein Preisvergleicher ist „nur" eine Shoppingsuchmaschine, mit der Sie Produkte suchen, finden und vergleichen können. Erst, wenn Sie auf das gesuchte Produkt klicken und es kaufen möchten, werden Sie zum eigentlichen Verkäufer weitergeleitet. Das kann bei jedem Produkt ein anderer sein. Der Kauf und die Kaufabwicklung finden danach ausschließlich über den Onlineshop statt, der damit zu Ihrem Vertragspartner wird.

Preisvergleicher sorgen für Überblick

Damit Sie bei der Suche nach einem bestimmten Produkt nicht „wie der Ochs vorm Berg" stehen, gibt es im Internet Produktportale und Preisvergleicher. Das sind riesige Warenkataloge, in denen Händler aus aller Welt ihre Produkte zeigen. Das können mehrere Tausend Händler weltweit sein. So erfahren Sie mit wenigen Mausklicks, welcher Händler das gewünschte Produkt zu welchem Preis anbietet. Eine praktische Sache, um auch gleich den günstigsten Anbieter ausfindig zu machen.

Richtig shoppen

Fast jeder Onlineshop stellt seine Waren nicht nur im eigenen Shop aus, sondern stellt sie auch beim Preisvergleicher ein. Aus gutem Grund, schließlich ist der Preis noch immer eines der wichtigsten Kaufargumente. Und je günstiger ein Händler seine Waren anbieten kann, desto weiter oben steht er beim Preisvergleicher in der Liste der attraktivsten Anbieter. Das nützt beiden: Der Kunde findet so alle Schnäppchen, der Händler steigert seinen Umsatz.

So geht's:

Wenn Sie nicht auf Anhieb wissen, wo Sie ein bestimmtes Produkt – zum Beispiel den neuesten MP3-Player – besonders günstig kaufen können, sollte die erste Anlaufstelle stets ein Preisvergleicher sein. Dabei empfiehlt sich folgende Strategie: Verwenden Sie nicht nur einen, sondern gleich mehrere Preisvergleicher für Ihre Anfrage. Oft finden Sie beim zweiten oder dritten Vergleich einen noch günstigeren Anbieter als bei der ersten Suche.

Zu den besten Preisvergleichern gehören folgende Anbieter:

- **Idealo** (www.idealo.de)

Info

Nicht nur Preise vergleichen

Preisvergleicher vergleichen nicht nur Preise. Auch Versandkosten, Produkteigenschaften und – ganz wichtig – Lieferbarkeit stehen als Auswahlkriterien zur Verfügung.

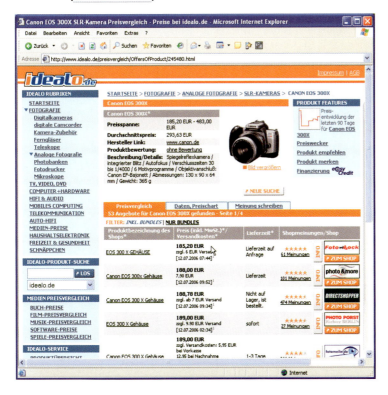

Preisvergleicher wie idealo.de zeigen eine übersichtliche Liste der günstigsten Anbieter.

Richtig und sicher surfen

Sehr übersichtlich präsentiert sich das Angebot von Idealo. Bei der Suche nach einem Produkt – zum Beispiel Canon EOS 300 – erhalten Sie zunächst eine Liste der möglichen Produkte. Das ist praktisch, da ein Suchbegriff oft auf mehrere Produkte zutrifft – zum Beispiel auf die Digitalkamera selbst, aber auch auf Zubehör oder verschiedene Ausstattungsvarianten.

Ist das gewünschte Produkt gefunden, genügt ein Mausklick auf *Preise vergleichen*, um die günstigsten Anbieter aufzulisten. Zu jedem Händler erhalten Sie wichtige Zusatzinformationen wie die Höhe der Versandkosten und die – manchmal allerdings sehr optimistisch dargestellte – voraussichtliche Lieferzeit.

Pfiffige Zusatzfunktionen erleichtern die Kaufentscheidung. So zeigt der Preistrend die Preisentwicklung der letzten 90 Tage an, allerdings nur auf Basis der selbst ermittelten Angebote. Je nach Anbieterzahl für das gewünschte Produkt kann die Kurve von den Preisen eines einzigen Händlers oder einiger weniger Händler bestimmt werden und damit wenig repräsentativ sein.

Der Preiswecker informiert auf Wunsch per E-Mail, sobald der Wunschpreis erreicht ist.

■ **Froogle (**froogle.google.de**)**

Die erfolgreiche Suchmaschine Google bietet mit Froogle einen eigenen Preisvergleichsdienst an: eine Suchmaschine für Produkte und Waren mit der gewohnten Bedienung von Google.

Geben Sie in das Suchfenster von Froogle einfach den Namen des gesuchten Produkts ein.

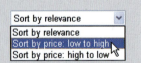

Auf der Ergebnisseite erhalten Sie anschließend eine Liste der Onlineshops, die das gesuchte Produkt anbieten – inklusive Produktfoto und Kurzbeschreibung. Standardmäßig sortiert Froogle die Treffer nach Relevanz. Über ein Listenfeld lässt sich die Trefferliste aber auch nach den günstigsten Anbietern neu sortieren.

■ **Guenstiger (**www.guenstiger.de**)**

Die Preissuchmaschine Guenstiger ist sehr übersichtlich und einfach in der Bedienung. Nach der Eingabe des Produktnamens empfiehlt der Preisvergleicher auch gleich einen Anbieter aus der Datenbank.

Das muss nicht immer der preiswerteste sein. Bei der Empfehlung spielt es auch eine Rolle, ob es sich um einen von guenstiger.de zertifi-

Richtig shoppen

zierten Händler handelt. Der Preisvergleicher überprüft dabei den Anbieter hinsichtlich überhöhter Versandkosten, telefonischer Erreichbarkeit und Lieferfähigkeit der angebotenen Produkte. Per Mausklick auf den Link *mehr Preise* zeigt guenstiger.de auf Wunsch auch eine Liste aller Anbieter – hier steht der günstigste dann ganz oben.

Besonders praktisch: Zu zahlreichen Produkten erhalten Sie bei guenstiger.de gleich auch die passenden Testberichte von Fachzeitschriften wie *test* (Stiftung Warentest).

- **Kelkoo** (www.kelkoo.de)

Die Shopsuchmaschine Kelkoo, ein Unternehmen von Yahoo!, ist aufgebaut wie ein großer Warenhauskatalog. Auf der Startseite finden Sie alle wichtigen Rubriken wie Auto, Computer oder Reisen. Per Mausklick können Sie bequem im Katalog stöbern. Schneller zum Ziel kommen Sie aber, wenn Sie direkt den Namen des gesuchten Produkts in das Suchfeld eingeben.

Zu jedem Treffer erhalten Sie eine kurze Produktbeschreibung sowie die Preise und den Namen des jeweiligen Händlers. Anders als bei den meisten Preisvergleichern sortiert Kelkoo die Ergebnisse nicht

Richtig und sicher surfen

nach dem attraktivsten Preis, sondern nach Popularität. Darin fließen auch Daten wie die Aktualität und Verfügbarkeit des Produkts ein. Leider erschwert das die Suche nach dem günstigsten Anbieter, zumal eine Änderung der Sortierreihenfolge nicht möglich ist.

- **Evendi (**www.evendi.de**)**

Evendi gehört zu den Pionieren der Preissuchplattformen. Bereits seit 1997 vergleicht das Hamburger Unternehmen die Angebote von Onlineshops. Heute stehen mehrere Millionen Artikel in der Produktdatenbank von Evendi.

Ein Preisvergleich ist schnell angestellt. Nach der Eingabe der Produktbezeichnung zeigt Evendi eine Liste der gefundenen Händler, angefangen beim günstigsten Anbieter.

Besonders praktisch: Evendi zeigt neben dem eigentlichen Produktpreis auch den Gesamtpreis inklusive Versandkosten.

Info

Sofort lieferbar! Oder doch nicht?

Fast alle Preisvergleicher zeigen über eine Verfügbarkeitsanzeige, ob der Händler die Ware am Lager hat oder es zu Verzögerungen bei der Auslieferung kommen kann. Die Informationen sind aber mit Vorsicht zu genießen. Oft zeigen die Preisvergleicher einen grünen Balken und suggerieren eine sofortige Verfügbarkeit. Bei näherer Betrachtung oder Nachfrage beim Händler stellt sich dann aber mitunter heraus, dass die Ware erst in mehreren Tagen oder Wochen lieferbar ist. Am besten fragen Sie telefonisch noch einmal beim Händler Ihrer Wahl nach, ob die gewünschte Ware tatsächlich sofort verfügbar ist.

Weitere Preisdatenbanken

Beim Preisvergleich sollten Sie nicht nur auf ein Pferd – sprich: auf einen Preisvergleicher – setzen. Das beste Ergebnis erzielen Sie oft durch mehrere Suchabfragen bei verschiedenen Preisdatenbanken. Neben den genannten Preisvergleichern sind folgende Anbieter empfehlenswert:

- www.geizkragen.de
- www.geizhals.at/deutschland
- www.preissuchmaschine.de
- www.getprice.de
- www.preistrend.de

Richtig shoppen

Spezial-Preisvergleicher

Evendi, Guenstiger und Co. sind wie Gemischtwarenläden – sie vergleichen Preise für alle erdenklichen Waren. Von Kleidung über Kosmetik bis zu Schokolade sind alle Produktgattungen vertreten. Einen anderen Weg gehen Spezial-Preisvergleicher, die sich auf nur eine Produktart spezialisieren und hier ganz besonders günstige Preise versprechen.

Preise für Elektronikartikel

Das Angebot von ElektronikScout24 (www.elektronikscout24.de) konzentriert sich ausschließlich auf Computertechnik, Handys, Unterhaltungselektronik, Haushaltsgeräte und Software. Über 100.000 Artikel stehen für den Preisvergleich zur Verfügung.

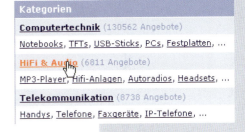

Wo ist Aspirin am günstigsten?

Eine Produktgruppe nimmt bei Preisvergleichern eine Sonderstellung ein: Medikamente. Bei den „klassischen" Preisdatenbanken suchen Sie Arzneimittel vergeblich. Hierfür gibt es spezielle Anbieter, die online die Preise der wichtigsten Versandapotheken gegenüberstellen.

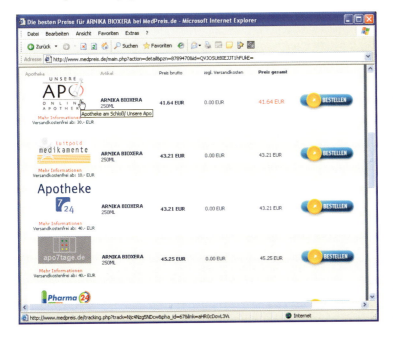

Preisvergleicher für Medikamente ermitteln blitzschnell die günstigste Versandapotheke.

Richtig und sicher surfen

Achtung

Mitunter finden sich in den Suchergebnissen unseriöse Anbieter. Um sich vor gefälschten, illegalen, nicht zugelassenen oder falsch dosierten Mitteln zu schützen, sollten Sie Medikamente nur von einer Internetapotheke mit Sitz in Deutschland oder einem anderen EU-Staat bestellen.

Auf der Webseite von MediPreis (www.medipreis.de) vergleichen Sie per Mausklick Arzneimittel und Pflegeprodukte von über 60 deutschen Versandapotheken. Über 330.000 Medikamente stehen in der Datenbank des Medizinfuchses (www.medizinfuchs.de) zur Auswahl.

Das Bundesministerium für Gesundheit und Soziale Sicherung hat auf der Webseite www.bmgs.bund.de (Themenschwerpunkt Arzneimittel-Versandhandel) einen praktischen Leitfaden zum Kauf von Medikamenten im Internet zusammengestellt. Hilfreich ist zudem die Medikamentendatenbank der Stiftung Warentest auf der Webseite www.medikamente-im-test.de. Hier finden Sie umfassende Bewertungen von über 9.000 Medikamenten für 175 Anwendungsgebiete.

Tipps für den erfolgreichen Preisvergleich

Nicht immer finden Preisvergleicher auf Anhieb das gewünschte Produkt. Mal ist die gesuchte Digitalkamera gar nicht auffindbar, mal erscheinen nur eine Liste ähnlicher Produkte oder lediglich Zubehörartikel – etwa nur Fototaschen, obwohl Sie eigentlich die Kamera suchen. Wie bei normalen Suchmaschinen gilt auch bei Preisdatenbanken das Prinzip: Je genauer die Suchanfrage, desto exakter ist das Ergebnis.

Ein weiteres Problem beim Preisvergleich: Nicht immer ist der günstigste Anbieter der beste. Auch Faktoren wie Lieferbarkeit und Versandkosten sind wichtig.

So geht's:

Für eine erfolgreiche Suche bei Preisvergleichern sollten Sie folgende Ratschläge beherzigen:

- **Möglichst exakter Produktname**
  Wenn Sie ein ganz bestimmtes Produkt suchen, geben Sie die Produktbezeichnung so exakt wie möglich ein, zum Beispiel *Casio Exilim EX-Z1000* statt lediglich *Casio* oder *Casio Exilim*. Sollten Sie die exakte Produktbezeichnung nicht kennen, schauen Sie einfach auf der Webseite des Herstellers nach.

- **Lieferbarkeit**
  Die günstigsten Anbieter stehen oft an oberster Stelle. Doch viel wichtiger als der Preis ist die Frage, ob der Artikel überhaupt lieferbar ist. Was nützt der beste Preis, wenn der Händler nicht liefern kann? Achten Sie beim Preis auf die Lieferbarkeitsanzeige der Preisvergleicher und kontrollieren Sie diese noch einmal direkt beim Anbieter.

Info

Sofort lieferbar heißt nicht sofort da

Zahlreiche Händler werben mit einer schnellen Lieferung. *Sofort lieferbar* oder *Versandfertig in 24 Stunden* heißt es da oft. Das bedeutet aber nicht, dass die Ware auch am nächsten Tag oder innerhalb von 24 Stunden eintrifft. Zwar landen viele Artikel, wenn sie vor 12 Uhr bestellt werden, am nächsten Tag im Briefkasten, in der Regel müssen Sie aber mit einer durchschnittlichen Wartezeit von drei bis sechs Werktagen rechnen, sofern der bestellte Artikel beim Händler vorrätig ist. Ansonsten kann es noch deutlich länger dauern.

- **Versandkosten-Nepp**
  Einige Händler schummeln. Der Trick: Mit einem extrem günstigen Preis mogeln sie sich auf die vordersten Plätze der günstigsten Anbieter. Erst beim zweiten Blick fällt auf, dass im Gegenzug die Versandkosten maßlos überzogen sind. Unterm Strich ist der vermeintlich günstigste Anbieter dann doch wenig attraktiv. Beziehen Sie in Ihre Kaufentscheidung daher stets auch die Höhe der Versandkosten ein.

Erfahrungen suchen: Testberichte

In der Werbung versprechen viele Hersteller das Blaue vom Himmel. Ob die Werbeversprechen tatsächlich stimmen, steht auf einem anderen Blatt. Wesentlich glaubwürdiger sind unabhängige Tests von Fachzeitschriften.

Erfahrungsberichte anderer Anwender können ebenfalls helfen, auf Schwachpunkte bestimmter Produkte aufmerksam zu machen, wenn sich beispielsweise Beschwerden auffällig häufen. Die – zum Teil bezahlten – Lobpreisungen wie „Das beste Produkt, das ich jemals hatte" kann man hingegen getrost ignorieren. Bessere Hinweise findet man in den bereits genannten Userforen, wo oft sehr offen und kritisch über Vor- und Nachteile vieler Produkte diskutiert wird.

So geht's:

Bevor Sie sich für ein Produkt entscheiden, lohnt sich eine Recherche nach passenden Test- oder Anwenderberichten. Dabei kommen oft die wahren Produkteigenschaften und mögliche Haken zutage. Die besten Test- und Erfahrungsberichte finden Sie auf folgenden Webseiten:

Richtig und sicher surfen

- **Stiftung Warentest** (www.warentest.de)
  Die Stiftung Warentest prüft bereits seit 1964 Produkte und Dienstleistungen nach wissenschaftlichen Methoden. Auf der Webseite finden Sie alle seit Januar 2000 veröffentlichen Tests.

Alle Tests seit 2000 sind auf der Webseite der Stiftung Warentest online abrufbar.

Info

Erfahrungswerte nutzen

Am besten erkundigen Sie sich im Freundeskreis nach positiven Erfahrungen mit einzelnen Internethändlern. Damit finden Sie am elegantesten seriöse Internethändler und umgehen die schwarzen Schafe.

Mit den Suchbegriffen *Internet* und *Shopping* finden Sie bei www.warentest.de auch aktuelle Untersuchungsergebnisse und Warnhinweise zum Thema.

- **Testberichte** (www.testberichte.de)
  Hier finden Sie die gesammelten Testergebnisse aus über 120 Testzeitschriften und Verbrauchermagazinen, aus Online- und Printmedien, inklusive der von der Zeitschrift vergebenen Note, des Fazits sowie der Prädikate wie Testsieger und Preis-Leistungs-Sieger.

- **Ciao** (www.ciao.com)
  Ciao veröffentlicht Erfahrungsberichte von Privatpersonen. Jeder kann zu jedem Produkt seine eigenen Erfahrungen beisteuern und Produkte selbst beurteilen. Über zwei Millionen Berichte stehen zur Verfügung. Allerdings sind die Veröffentlichungen mit Vorsicht zu genießen: Nicht selten handelt es sich um fingierte und geschönte Berichte direkt vom Hersteller oder von dafür bezahlten Anwendern.

Schwarze Shopping-Schafe erkennen

Einkaufen im Internet ist praktisch und bequem: Ohne sich um Ladenöffnungszeiten zu kümmern, kann man einfach von zu Hause

Richtig shoppen

aus shoppen und sich die Ware schicken lassen. Leider gibt es unter den Tausenden seriösen Anbietern auch einige schwarze Schafe, die jegliche Freude am Onlineshopping trüben. Wenn die Ware trotz Bezahlung nicht geliefert wird und der Händler plötzlich nicht mehr auffindbar ist, ist die Enttäuschung groß. Doch dafür gibt es eine ganz einfache Lösung aus dem „Vor-Internet-Zeitalter": Bezahlung nur per Nachnahme, also bei Empfang der Ware. Das Paket sollten Sie dann auch sofort auf Schadenfreiheit und Vollständigkeit prüfen. Die Gebühr von zwei oder drei Euro ist für die gewonnene Sicherheit gut angelegt.

So geht's:

Damit der Einkaufsbummel im Internet nicht zur Enttäuschung wird, sollten Sie bei unbekannten Shops auf die Kleinigkeiten achten. Seriöse Shops erkennen Sie an folgenden Merkmalen:

- **Impressum**
  Jeder Onlineshop muss über ein Impressum verfügen, damit klar ist, an wen man sich im Falle eines Falles wenden kann. Im Impressum muss deutlich erkennbar sein, wer für das Onlineangebot verantwortlich ist, inklusive Kontaktdaten wie Adresse, Telefonnummer und E-Mail-Adresse.

- **AGB**
  Alle Shopbetreiber sind verpflichtet, den Kunden über die Schritte zu informieren, die zum Vertragsschluss führen. Diese und weitere Kundeninformationen finden Sie in den Allgemeinen Geschäftsbedingungen, kurz AGB. Der komplette Text der AGB sollte auf der Webseite verfügbar sein. Zumeist finden Sie am unteren Rand der Seite einen Link zu den AGB.

- **Widerrufsrecht**
  Ganz wichtig: Als Onlinekunde haben Sie ein 14-tägiges Widerrufsrecht, auch ohne Angabe von Gründen. In den AGB muss das Widerrufsrecht deutlich hervorgehoben sein.

---

10. Widerrufsrecht und Rücksendepflicht

(1) Ist der Kunde Verbraucher, kann er die Vertragserklärung innerhalb von zwei Wochen ohne Angabe von Gründen in Textform (z. B. Rücksendeformular, Brief, E-Mail, Fax) oder durch Rücksendung der Sache widerrufen. Die Frist beginnt mit Erhalt der Ware. Zur Wahrung der Widerrufsfrist genügt die rechtzeitige Absendung des Widerrufs oder der Ware. Der Widerruf ist zu richten an:

Richtig und sicher surfen

2,49 €

inkl. 16% MwSt.
zzgl. Versandkosten

- **Korrekte Preisauszeichnung**

  Der angezeigte Preis muss bereits die gesetzliche Mehrwertsteuer enthalten. Bei seriösen Shops finden Sie hierzu einen entsprechenden Vermerk direkt unterhalb oder neben dem Preis, zum Beispiel *inkl. MwSt.* Zudem müssen die Versand- und Lieferkosten klar erkennbar sein oder ein Direktlink zur Versandkostenübersicht existieren. Das ist wichtig, damit Sie nicht am Ende des Bestellvorgangs plötzlich von horrenden Versandkosten überrascht werden.

Achtung

Vermeintliche Schnäppchen aus dem Ausland

Beim Onlineshopping im Ausland ist Vorsicht angesagt. Auf den ersten Blick erscheinen Produkte in einem ausländischen Onlineshop oder von einem eBay-Händler aus Übersee als wahre Schnäppchen. Das kann sich aber schnell als teurer Spaß herausstellen, insbesondere bei Bestellungen aus einem Land außerhalb der EU.

Das vermeintlich billige Handy oder der besonders günstige MP3-Player aus Hongkong landen dann nicht im Briefkasten, sondern erst einmal beim Zoll. Bevor Sie die bestellte Ware erhalten, sind zunächst Einfuhrumsatzsteuer zwischen 7 % und 16 % sowie Zollgebühren zwischen 2 % und 6,5 % des Warenwerts fällig. Die Ersparnis beim Kaufpreis ist damit schnell hin. Ganz zu schweigen von der langen Lieferzeit aus dem Ausland. Mehrere Wochen sind keine Seltenheit.

Zudem ist es bei Bestellungen aus dem Ausland äußerst schwierig und oft sogar unmöglich, Garantieansprüche geltend zu machen. Beim Kauf im Ausland gilt stets das Recht des Warenherkunftslands. Auch Service- und Supportleistungen sind meist Mangelware.

Beim Kauf von Elektrogeräten ist auch darauf zu achten, dass die Geräte mit den hiesigen Strom- und Spannungsversorgungen zurechtkommen und die mitgelieferten Stecker und Kabel passen.

Insgesamt stellt der Kauf im Ausland oft ein Vabanquespiel dar. Wer auf Nummer sicher gehen will, kauft bei einem seriösen heimischen Onlinehändler.

- **Verschlüsselung**

  Sobald es an die Eingabe persönlicher Daten oder Kreditkarteninformationen geht, sollten Sie auf eine verschlüsselte Datenübertragung achten. Dass diese gewährleistet ist, erkennen Sie in der Eingabezeile Ihres Browsers an den Buchstaben *https://* (statt nur *http://*) vor der Internetadresse – das *s* steht dabei für Sicherheit. Zudem erscheint unten rechts in der Statuszeile des Browsers ein kleines Vorhängeschloss. Ist beides gegeben, werden die persönlichen Daten sicher verschlüsselt an den Händler übertragen.

Richtig shoppen

- **Kaufbestätigung**
  Bei seriösen Händlern erhalten Sie sofort nach dem Kauf per E-Mail eine Bestellbestätigung, die alle wichtigen Informationen wie Kontaktadresse des Anbieters, Eigenschaften der Ware, Zahlungs- und Lieferbedingungen sowie den Gesamtpreis enthält.

- **Gütesiegel**
  Auf vielen Webseiten der Onlineshops finden Sie ein oder mehrere Gütesiegel. Die sind zwar nicht zwingend notwendig, zeigen aber, dass der Händler gewisse Qualitätskriterien einhält. Die meisten Anbieter von Gütesiegeln unterziehen den Shop dabei umfangreichen Qualitätstests, bevor das Siegel vergeben wird. Es gibt aber auch zahlreiche seriöse Onlineshops ohne Gütesiegel. Die bekanntesten und vertrauenswürdigsten Gütesiegel sind:

- **TÜV Süd s@fer shopping** (www.safer-shopping.de)
  Mit „s@fer shopping" entwickelten die Experten des TÜV Management Services ein Konzept, das insbesondere die Daten- und Systemsicherheit, den Datenschutz sowie die Ablaufprozesse des Shopanbieters untersucht und bewertet.

- **Trusted Shops** (www.trustedshops.de)
  Das Trusted-Shops-Siegel wird von der Atradius Kreditversicherung AG (ehemals Gerling) vergeben und steht für geprüfte Sicherheit in Verbindung mit einer Geld-zurück-Garantie. Besonders die Bereiche AGB, Datenschutz, Bestell-, Reklamations- sowie Liefermanagement unterliegen dabei einer strengen Kontrolle.

- **EHI, Geprüfter Onlineshop** (www.ehi.org)
  Dieses Siegel garantiert nicht nur hohe Sicherheit im Zahlungsverkehr, sondern auch die Einhaltung gesetzlicher Bestimmungen wie Datenschutz- und Fernabsatzgesetz.

Eine Übersicht der empfohlenen Gütesiegel sowie weitere Tipps für einen sicheren Onlinekauf finden Sie auf der Webseite www.kaufenmitverstand.de. Dahinter steckt eine Kampagne der Polizeilichen Kriminalprävention der Länder und des Bundes, des weltweiten Onlinemarktplatzes eBay sowie des Bundesverbands des Deutschen Versandhandels.

Hier finden Sie die genannten Hinweise noch einmal als *7 Goldene Regeln* zum Download als PDF-Datei.

Richtig und sicher surfen

Auf der Webseite www.kaufenmitverstand.de können Sie eine kostenlose Safety Card mit Tipps für sicheres Einkaufen im Web herunterladen.

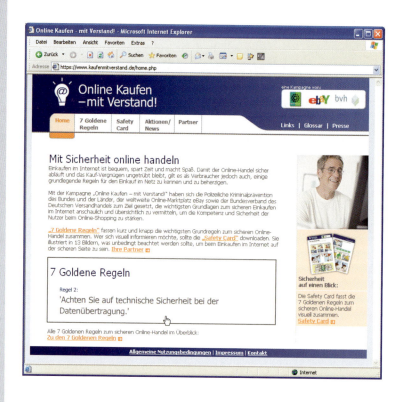

Kostenlose Lockangebote

Amazon, Quelle, Otto, Neckermann … – im Internet gibt es viele vertrauenswürdige Shops namhafter Versandhäuser, bei denen Sie sicher und „blind" einkaufen können.

Einige wenige Anbieter versuchen allerdings, die Gutgläubigkeit der Käufer auszunutzen. Mit fiesen Tricks locken sie Kunden in teure Abonnements für SMS-Dienste, DVDs oder Hausaufgabenhilfe.

Die Masche: Viele Webseiten locken mit kostenlosen Angeboten. *Gratis-DVD* oder *Kostenlose SMS* heißt es da oft. Doch Vorsicht: Kein Händler hat wirklich etwas zu verschenken. Dahinter steckt oft die Masche, Kunden mit dem kostenlosen Angebot in ein 12- oder 24-Monats-Abonnement zu locken – das dann richtig teuer werden kann.

Schauen Sie bei kostenlosen Lockangeboten genau in die AGB oder Teilnahmebedingungen. Dort sind die Kosten oft clever versteckt. Im Zweifelsfall verzichten Sie lieber auf die kostenlose Dreingabe.

Weitere Informationen zu kostenlosen Lockangeboten sowie Tipps für den Fall, dass die Gratis-Falle zugeschnappt hat, finden Sie in der Zeitschrift *Finanztest 7/2006* ab Seite 12.

Richtig shoppen

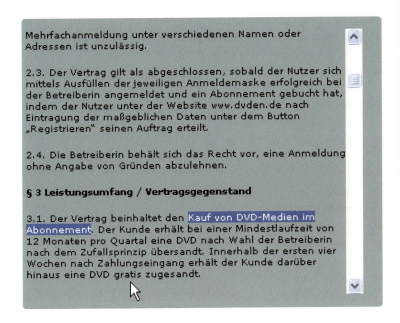

Erst ein Blick in die AGB oder Teilnahmebedingungen verrät die versteckten Kosten.

Die richtige Bezahlmethode

Wenn es ans Bezahlen geht, ist es wie beim Händler um die Ecke. An der Kasse müssen Sie entscheiden, wie Sie bezahlen möchten. Auch im Internet stehen dazu mehrere Varianten zur Verfügung. Jede hat Vor- und Nachteile.

- **Rechnung**
  Die Rechnung ist die bequemste und für Sie als Kunde sicherste Art der Bezahlung. Sie bezahlen die Ware per Überweisung erst dann, wenn sie eingetroffen und alles in Ordnung ist. Der Kauf auf Rechnung ist allerdings oft nur für registrierte Stammkunden möglich.

- **Nachnahme**
  Die Bezahlung der Ware erfolgt bar bei Lieferung. Sie zahlen das Geld an der Haustüre direkt an den Postboten. Der Vorteil: Sie brauchen keine persönlichen Daten wie Kreditkarten- oder Kontonummern über das Internet zu

77

verschicken. Leider verlangen viele Onlineshops für das Bezahlen per Nachnahme zusätzliche Gebühren.

- **Lastschrift**
  Mit der Lastschrift – auch Bankeinzug genannt – ermächtigen Sie den Händler, das Geld von Ihrem Konto abzubuchen. Das Risiko für Sie als Kunde ist gering. Sollte es Probleme mit der Lieferung oder der Ware geben, können Sie die Lastschrift innerhalb von sechs Wochen bei der Bank widerrufen.

- **Kreditkarte**
  Nach der Eingabe Ihrer Kreditkartendaten bucht der Händler das Geld von Ihrer Kreditkarte ab. Bei einer verschlüsselten Übertragung ist das Risiko eines Missbrauchs gering.

- **PayPal**
  PayPal ist ein Bezahldienst des Onlinehauses eBay, den immer mehr Onlinehändler anbieten. Sie brauchen hierzu ein kostenloses PayPal-Konto (www.paypal.de) und erledigen darüber die Bezahlung.

- **Firstgate**
  Für Kleinbeträge unter zehn Euro eignen sich Bezahldienste wie Firstgate click&buy oder Web.Cent. Mit Firstgate (www.firstgate.de) können Sie Kleinbeträge entweder per Lastschrift oder per Kreditkarte bezahlen. Sie brauchen dafür keine spezielle Software auf Ihrem Rechner zu installieren. Notwendig ist allerdings, dass Sie sich einmalig bei Firstgate registrieren.

Widerruf & Co. – Ihre Rechte im Onlinehandel

Als Onlinekäufer haben Sie im Vergleich zum klassischen Einkauf in der Fußgängerzone einen enormen Vorteil: Im herkömmlichen Einzelhandel ist die Rücknahme einer gekauften Ware – sofern sie keinen Mangel aufweist – reine Kulanzsache.

- **Widerruf**
  Bei Onlinebestellungen haben Sie das Recht, den Kaufvertrag innerhalb von 14 Tagen ohne Angabe von Gründen zu widerrufen. Dabei spielt es keine Rolle, ob Sie sich beim Kauf vertan haben oder Ihnen die Ware einfach nicht gefällt. Es reicht, wenn Sie das

Produkt innerhalb von zwei Wochen an den Händler zurückschicken und ihn – am besten schriftlich – über den Widerruf informieren. Gründe müssen Sie dabei nicht angeben. Sie erhalten den Kaufpreis erstattet.

Ausgenommen vom Widerruf sind Lebensmittel, Musik-CDs, Videos und individuell gefertigte Waren, zum Beispiel Schmuckstücke mit persönlicher Gravur.

Achtung

Nicht unfrei zurückschicken

Vermeiden Sie es, die Ware unfrei an den Onlineshop zurückzuschicken. Viele Händler verweigern die Annahme unfreier Sendungen. Mit Kosten von mindestens zwölf Euro ist das unfreie Verschicken für den Händler auch unnötig teuer. Am besten klären Sie kurz mit dem Händler die Formalitäten für die Rücksendung ab. Das vermeidet auf beiden Seiten unnötigen Ärger. Und Sie bekommen schneller Ihr Geld zurück.

■ **Versandkosten**

Auch die Erstattung der Versandkosten ist klar geregelt. Bei Waren unter 40 Euro Warenwert müssen Sie die Kosten der Rücksendung übernehmen. Liegt der Warenwert über 40 Euro, kommt der Händler für die Kosten der Rücksendung auf.

Unklar ist die Rechtslage bei der Erstattung der Kosten für die Hinsendung. Das Landgericht Karlsruhe (Az.: 10 O 794/05) hat Ende 2005 entschieden, dass Verbraucher, die im Versandhandel Ware bestellen und ihr gesetzliches Widerrufsrecht wahrnehmen, die Kosten für die Hinsendung nicht bezahlen müssen. Das gilt jedoch nur bei einem kompletten Widerruf aller bestellten und gelieferten Artikel. Das Urteil ist allerdings noch nicht rechtskräftig.

■ **Gewährleistung**

In Sachen Gewährleistung spielt es keine Rolle, ob Sie die Ware online oder beim Händler um die Ecke gekauft haben. Auch bei Onlineshops haben Sie zwei Jahre lang das Recht, defekte Ware kostenlos reparieren oder ersetzen zu lassen. Wenn der Onlineshop in dieser Zeit aufgeben und „verschwinden" sollte, wenden Sie sich am besten direkt an den Hersteller des Produkts.

Richtig und sicher surfen

Richtig und sicher surfen
Kapitel 4:
Bei Mausklick Geld

Richtig und sicher surfen

Bei Mausklick Geld

Ganz schön bequem: Das Internet eignet sich hervorragend zum Erledigen vieler Bankgeschäfte. Kontoauszüge holen, Überweisungen tätigen, Lastschriften einreichen oder Aktien kaufen – alles lässt sich bequem von zu Hause aus erledigen. Dank Homebanking kommt Ihre Bank praktisch per Mausklick zu Ihnen nach Hause und ist rund um die Uhr geöffnet.

Allerdings: Besonders beim Homebanking darf die Sicherheit nicht zu kurz kommen. Wenn es ums eigene Geld geht, dürfen Hacker und Passwortdiebe keine Chance haben. Dafür sorgen verschiedene Sicherheitsmechanismen, wie zum Beispiel PIN/TAN-Verfahren und HBCI.

Dieses Kapitel zeigt, welche Vorteile Homebanking bringt und warum es sicher ist – erklärt aber auch, wie Sie sich vor Gefahren schützen.

Darum lohnt sich Onlinebanking

Homebanking wird immer beliebter. Laut Umfragen der Forschungsgruppe Wahlen erledigt bereits mehr als die Hälfte aller Internetnutzer ihre Bankgeschäfte am eigenen PC, Tendenz steigend.

Die wachsende Popularität des Onlinebankings verwundert nicht. Schließlich sind für fast alle Bankgeschäfte nur wenige Mausklicks notwendig. Nur zum Abheben von Bargeld müssen Sie noch zur Filiale oder zum Geldautomaten.

Die wichtigsten Vorteile von Onlinebanking im Überblick:

- **Bequem**
  Mit Onlinebanking erledigen Sie Ihre Bankgeschäfte, wann immer Sie möchten: sieben Tage die Woche, 24 Stunden am Tag.

- **Alle Bankgeschäfte inklusive**
  Per Onlinebanking haben Sie jederzeit Zugriff auf Ihre Konten und können Kontoauszüge abholen, Überweisungen tätigen oder Daueraufträge einrichten.

- **Sicher**
  Onlinebanking am PC ist sicher. Verschiedene Sicherheitsmecha-

---

Direkt zu ...
Umsatzanzeige
▶ Inlands-Überweisung
Daueraufträge
Überweisungsvorlagen

Adressdaten bearbeiten
Prepaidaufladung
TAN-Block aktivieren

nismen sorgen dafür, dass alle Bankgeschäfte gefahrlos erledigt werden.

- **Günstig**
Bei vielen Banken ist Onlinebanking wesentlich günstiger als der Gang zur Filiale. Einigen Banken bieten kostenlose Girokonten inklusive Eurocheque- und Kreditkarte sowie Onlinebanking an.

In der Zeitschrift *Finanztest 8/2006* erfahren Sie, welche Banken kostenlose Girokonten anbieten, wie Sie das Konto problemlos wechseln und worauf Sie beim Onlinebanking achten sollten.

Darum ist Homebanking sicher

Mit einem einfachen Kennwort ist es beim Homebanking nicht getan. Onlinebanken setzen weitaus raffiniertere und effektivere Mechanismen ein, um Geldgeschäfte sicher zu machen. Und das ist gut so. Schließlich geht es um Ihr Geld.

Die am häufigsten eingesetzten Sicherheitsmechanismen beim Homebanking sind:

- PIN/TAN-Verfahren
- iTAN-Verfahren
- HBCI

Alle drei Verfahren sorgen dafür, dass die Bankgeschäfte möglichst sicher abgewickelt werden. Allerdings hat jede Alternative ihre Vor- und Nachteile. Welche das im Detail sind, erfahren Sie im folgenden Abschnitt.

PIN/TAN-Verfahren

Viele Banken setzen beim Onlinebanking auf das PIN/TAN-Verfahren. Das Prinzip ist einfach: Für das Onlinebanking erhalten Sie von Ihrer Bank per Post zwei Nummern bzw. Nummernblöcke:

- **PIN**
Die PIN (Personal Identification Number) ist Ihr Schlüssel zum persönlichen Onlinebankingbereich. Für den Zutritt genügt die Eingabe der Kontonummer sowie der meist vier- bis fünfstelligen PIN auf der Homepage Ihrer Bank.

> **Info**
> Die meisten Banken setzen auf das PIN/TAN- oder das verbesserte iTAN-Verfahren. Das besonders sichere HBCI-Banking bieten nur wenige Banken an.

> **Achtung**
> Die PIN gestattet noch keine Bankgeschäfte wie Überweisungen oder Aktienkäufe. Mit der PIN können Sie lediglich den Kontostand einsehen oder Umsätze der vergangenen Tage anzeigen lassen.

Richtig und sicher surfen

Zuerst erhalten Sie von Ihrer Bank die PIN, Ihr persönliches Passwort für den Zugang zu Ihrem Konto.

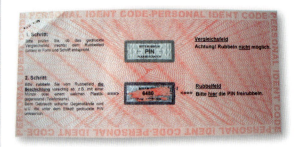

■ TAN-Nummernblöcke

Zentrales Sicherheitsmerkmal beim PIN/TAN-Verfahren sind die Transaktionsnummern (TAN). Von der Bank erhalten Sie eine Liste mit knapp 100 Transaktionsnummern. Erst damit können Sie Bankgeschäfte tätigen.

Und das geht folgendermaßen: Für jede Überweisung oder Auftragserteilung fragt die Bank nach einer Transaktionsnummer. Erst, wenn Sie eine gültige TAN des TAN-Blocks eingeben, wird der Auftrag durchgeführt.

Dabei spielt es keine Rolle, in welcher Reihenfolge Sie vorgehen. Sie können jede beliebige Transaktionsnummer des TAN-Blocks verwenden.

Achtung

Jede TAN ist nur einmal gültig. Sobald die Transaktionsnummer für einen Auftrag gebraucht wurde, ist sie ungültig. Sie sollten die benutzte Transaktionsnummer daher auf dem TAN-Block streichen. Sobald alle Nummern verbraucht sind, erhalten Sie von der Bank automatisch einen neuen Block.

Wenn Sie sorgsam mit PIN und TAN umgehen, ist das PIN/TAN-Verfahren eine sichere Methode, um gefahrlos alle Bankgeschäfte am PC zu erledigen. Im Abschnitt *So schützen Sie sich* (→ Seite 90) erfahren Sie, wie Sie PIN und TAN sicher aufbewahren und einsetzen.

Nur mit einer gültigen TAN sind Überweisungen und andere Transaktionen möglich.

Bei Mausklick Geld

Erst, wenn Sie eine unverbrauchte TAN eingeben, führt die Bank Überweisungen durch.

iTAN-Verfahren

Seit Anfang 2006 lösen viele Banken das bisherige PIN/TAN-Verfahren durch das iTAN-Verfahren ab. Hierbei handelt es sich um ein verbessertes PIN/TAN-Verfahren, das die Sicherheit beim Onlinebanking noch einmal erhöht.

Das iTAN-Verfahren arbeitet im Prinzip wie das PIN/TAN-Verfahren mit einer PIN sowie einer Liste von Transaktionsnummern. Wichtigster Unterschied: Die Transaktionsnummern sind zusätzlich noch einmal nummeriert – die Banken sprechen hier von indiziert, daher der Buchstabe *i* bei iTAN.

Auf dem TAN-Block erhält jede TAN zusätzlich eine fortlaufende Nummer, zum Beispiel von 1 bis 100. Diese Nummer ist bei der Durchführung von Überweisungen besonders wichtig. Die Bank fragt Sie dann nicht nach einer beliebigen Transaktionsnummer, sondern nach einer ganz bestimmten, zum Beispiel der TAN mit der Nummer 84. Die von der Bank angeforderte TAN kann nur für diese eine Transaktion verwendet werden. Andere Transaktionen sind mit der TAN nicht möglich.

Und genau das macht Onlinebanking per Transaktionsnummer sicherer. Beim herkömmlichen Verfahren genügt es, wenn ein Datendieb an eine beliebige Transaktionsnummer Ihres TAN-Blocks kommt. Zusammen mit der PIN könnte er dann zum Beispiel eine Überweisung tätigen. Gelangt er an mehrere TANs, sind auch mehrere Überweisungen möglich. Anders beim iTAN-Verfahren: Da die Bank explizit nach einer ganz bestimmten TAN fragt, müsste ein Datendieb schon genau diese TAN erwischen. Damit ist iTAN wesentlich sicherer als das herkömmliche PIN/TAN-Verfahren.

85

Richtig und sicher surfen

Wie Datendiebe an PIN und TAN kommen können und wie Sie sich davor schützen, erfahren Sie im nächsten Kapitel *Phishing und andere Gefahren*.

HBCI

Am sichersten ist Onlinebanking mit dem HBCI-Verfahren. Allerdings ist es auch das komplizierteste – insbesondere bei der Ersteinrichtung. Zudem brauchen Sie für HBCI eine spezielle Homebankingsoftware. Bankgeschäfte per Standardbrowser (also Internet Explorer, Firefox, Opera und andere) sind mit HBCI nicht möglich.

HBCI steht für Home Banking Computer Interface und wurde vom Zentralen Kreditausschuss (ZKK), einem Zusammenschluss der fünf Spitzenverbände der deutschen Kreditwirtschaft, entwickelt, um Homebanking möglichst sicher zu machen.

Das ist es mit HBCI auch. Dreh- und Angelpunkt ist eine Chipkarte – ähnlich einer EC- oder Geldkarte –, auf der Ihr individueller digitaler Schlüssel gespeichert ist. Jede Transaktion wird mit dem digitalen Schlüssel der Chipkarte signiert.

So geht's:

Bevor Sie Bankgeschäfte per HBCI tätigen können, ist zunächst ein wenig Aufwand nötig:

Für HBCI brauchen Sie ein Chipkartenlesegerät, das Sie von Ihrer Bank bekommen.

1. Von Ihrer Bank erhalten Sie die Chipkarte sowie ein Chipkartenlesegerät inklusive Installationssoftware.
2. Nach der Installation der Homebankingsoftware auf Ihrem PC und dem Anschluss des Chipkartenlesegeräts erzeugen Sie einen digitalen Schlüssel. Das ist praktisch Ihre digitale Unterschrift, mit der Sie später alle Bankgeschäfte signieren.
3. Den erzeugten Schlüssel müssen Sie anschließend ausdrucken, unterschreiben und per Post an Ihre Bank schicken. Anhand des Ausdrucks und Ihrer Unterschrift kann die Bank zweifelsfrei feststellen, dass der eingereichte Schlüssel auch tatsächlich von Ihnen stammt.
4. Die Bank schaltet den HBCI-Zugang für Ihr Konto und den eingereichten Schlüssel frei.

Ist die erste Hürde genommen, können Sie HBCI für die Bankgeschäfte nutzen. Das ist sogar einfacher als beim TAN-Verfahren. Sobald Sie zum Beispiel Geld überweisen möchten, brauchen Sie zur „Unterschrift" nur noch die HBCI-Chipkarte einlegen und am Chipkartenlesegerät die PIN eingeben. Hacker beißen sich daran die Zähne aus, da Geldgeschäfte nur anhand der Kombination von Chipkarte und PIN möglich sind.

Phishing und andere Gefahren

Wenn es ums Geld geht, sind Betrüger und Gauner nicht weit. Mit immer raffinierteren Tricks versuchen sie, an die PIN- und TAN-Nummern zu kommen und danach das Konto leer zu räumen.

Die dreiste Masche der Betrüger nennt sich Phishing, frei übersetzt: Fischen nach Passwörtern. Das Prinzip ist simpel, aber für den Kunden brandgefährlich. In gefälschten E-Mails (Phishing-Mails) werden Bankkunden aufgefordert, PIN und TAN preiszugeben – oft unter dem Vorwand, neue Sicherheitsmechanismen einzuführen oder die Zugangsdaten abzugleichen. Dabei tauchen als vermeintliche Absender oft die Namen großer Banken auf, etwa der Postbank, der Deutschen Bank, Sparkassen, Volks- und Raiffeisenbanken. Der in der E-Mail beigefügte Link führt direkt zur Webseite des Betrügers, die dem Online-

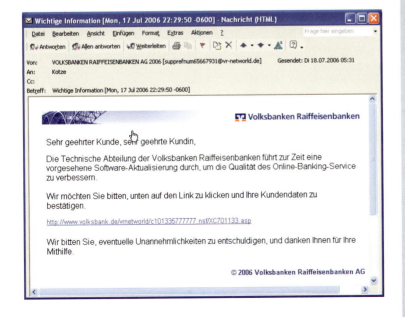

Phishing-Mails sehen zwar aus wie offizielle E-Mails von Banken und Geldinstituten, Absender und Mailtext sind jedoch gefälscht. Der Link führt direkt zur Betrügerseite im Gewand Ihrer Bank.

Richtig und sicher surfen

auftritt der Bank täuschend ähnlich sieht. Wer hier seine persönliche Identifikationsnummer (PIN) und Transaktionsnummern (TAN) eingibt, übergibt dem Betrüger den Schlüssel zu seinem Onlinekonto.

So erkennen Sie Phishing-Mails

Wenn man genau hinschaut, sind Phishing-Mails leicht zu erkennen, selbst wenn sie auf den ersten Blick wie eine authentische E-Mail der Bank aussehen.

Der Quelltext einer Phishing-Mail verrät, wohin der gefälschte Link wirklich führt.

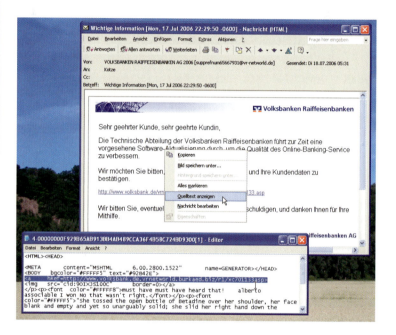

So geht's:

Folgende Merkmale sind ein klares Indiz für Phishing-Mails:

- **Stichwort Sicherheit**
  Fast alle Phishing-Mails drehen sich nur um ein Thema: Sicherheit. In der E-Mail ist dann die Rede von Sicherheitsaktualisierungen, Verbesserung der Schutzfunktionen oder Überprüfung der Zugangsdaten. Nichts davon ist wahr. Keine Bank verschickt derartige Mails oder fragt gar nach Passwörtern oder PIN und TAN.

- **Dringlichkeit und Drohung**
  Viele Phishing-Mails fordern Sie auf, sofort zu reagieren, und drohen damit, bei Nichtbeachtung den Zugang zu sperren.

Bei Mausklick Geld

Volksbanken Raiffeisenbanken

Sehr geehrter Kunde, sehr geehrte Kundin,

Die Technische Abteilung der Volksbanken Raiffeisenbanken führt zur Zeit eine vorgesehene Software-Aktualisierung durch, um die Qualität des Online-Banking-Service zu verbessern.

Wir möchten sie biten, unten bestätigen.

■ **Rechtschreibfehler**

Oft tauchen in Phishing-Mails eklatante Rechtschreibfehler auf. Die Anrede ist zumeist unpersönlich. Ein sicheres Zeichen für eine Phishing-Mail.

■ **Gefälschte Links**

Auch wenn ein Link so aussieht, als würde er zur Bank führen, leitet er Sie direkt zur Webseite des Betrügers. Oft kommen dabei Grafiken zum Einsatz, die einen echten Link vortäuschen. Zu erkennen ist das oft nur, wenn Sie mit der rechten (!) Maustaste auf die Mail klicken und den Befehl *Quelltext anzeigen* aufrufen. Im Quelltext steht in der Zeile *<a href*=... dann das tatsächliche Ziel. Solche Mails gehören sofort in den Papierkorb.

■ **Fehlende Sicherheitsmerkmale**

Falls Sie doch einmal einen Phishing-Link angeklickt haben, können Sie anhand wichtiger Merkmale sofort erkennen, dass es sich um die Webseite eines Betrügers handelt. Auf Phishing-Webseiten fehlt zum Beispiel das Schloss-Symbol unten rechts in der Taskleiste. Zudem steht in der Adresszeile statt *https* (*s* steht hier für Sicherheit) lediglich *http*. Auch, wenn im Formular gleichzeitig nach PIN und TAN gefragt wird, hilft nur eines: Das Browserfenster sofort schließen!

Info

Weitere Informationen über die Maschen der Onlinebetrüger finden Sie in der Zeitschrift *Finanztest 2/2006*, Seite 12 im Artikel „Phishers Fritz fischt Konten ab".

Achtung

Von Phishing-Mails betroffen ist potenziell jedes Unternehmen, das online Geld bewegt, zum Beispiel auch eBay, PayPal, Citibank, VISA, Postbank, Volksbank, Sparkasse, weitere deutsche Banken und GMX. Hauptziele sind 2006 allerdings eBay und PayPal (zusammen 75 %), die weltweit vertreten sind.

Richtig und sicher surfen

Sieht aus wie die offizielle Webseite der Postbank. Einige Merkmale machen aber sofort deutlich, dass es sich um eine Phishing-Webseite handelt.

Gefälschte Adresse und fehlendes *https*

Eingabe von PIN und TAN auf einer Seite

Fehlendes Schloss-Symbol

So schützen Sie sich

Gegen Phishing ist glücklicherweise ein Kraut gewachsen: gesundes Misstrauen. So, wie Sie niemandem den Wohnungsschlüssel geben, der vorgibt, er wolle nur kurz die Sicherheit der Türen und Fenster überprüfen, sollten Sie generell allem und jedem misstrauen, der PIN und TAN oder Passwörter verlangt.

So geht's:

Wenn Sie folgende Regeln und Verhaltensweisen befolgen, haben Phishing-Mails und Datendiebe keine Chance:

Bei Mausklick Geld

- **E-Mails misstrauen**
Reagieren Sie niemals gedankenlos auf E-Mails, selbst wenn diese von scheinbar vertrauenswürdigen Absendern stammen. Klicken Sie nie auf Links in E-Mails, insbesondere, wenn der Link angeblich zur Webseite Ihrer Bank führt.

- **Webadressen nur selbst eingeben**
Gehen Sie zum Onlinebanking nie über einen Link einer E-Mail zur Webseite der Bank. Geben Sie die Adresse stattdessen immer von Hand in die Adresszeile des Browsers ein oder verwenden Sie einen selbst angelegten Favoriteneintrag.

- **Daten geheim halten**
Speichern Sie Passwörter, PIN und TAN niemals auf dem Computer, selbst wenn die Homebankingsoftware diesen Service anbietet. Viren und Trojaner auf Ihrem Rechner können die gespeicherten Daten ausspähen und an einen Betrüger senden, ohne dass Sie etwas davon mitbekommen.

- **Sicheres Passwort wählen**
Wählen Sie sichere Passwörter. Ein sicheres Kennwort besteht aus einer mindestens sechs- bis achtstelligen Kombination aus Buchstaben und Ziffern. Das Kennwort sollte trotzdem leicht zu merken sein, damit Sie nicht in Versuchung kommen, es zu notieren. Optimal ist zum Beispiel ein Passwortsatz, dessen Anfangsbuchstaben das Kennwort ergeben, zum Beispiel *MMh4gK* für „Meine Mutter hat 4 große Kinder". Achten Sie dabei auch stets auf die korrekte Groß- und Kleinschreibung der einzelnen Buchstaben. Oder verwenden Sie alternativ durchgehend die Kleinschreibung, zum Beispiel *mmh4gk*.

- **Konten kontrollieren**
Überprüfen Sie regelmäßig die Kontoauszüge auf falsche Buchungen.

- **Limit setzen**
Vereinbaren Sie mit der Bank ein Limit für Überweisungen, zum Beispiel 1.000 Euro pro Überweisung oder pro Tag. Damit begrenzen Sie im Falle eines Falles den Schaden.

- **Nicht fremdgehen**
Verwenden Sie für Onlinebanking keine öffentlichen Computer, zum Beispiel in Internetcafés oder -terminals.

Achtung
Der richtige Umgang mit PIN und TAN

Die PIN und TAN sind wie Auto- oder Wohnungsschlüssel. Und genauso sorgsam sollten Sie damit umgehen. Lassen Sie die TAN-Blöcke nicht offen liegen – schon gar nicht direkt unter der Tastatur. Bewahren Sie die Nummernblöcke versteckt auf, zum Beispiel unauffällig in einem Buch. Die PIN sollten Sie getrennt verstecken – oder noch besser die Nummer auswendig lernen und den Zettel mit der PIN vernichten.

Richtig und sicher surfen

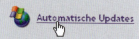

- **Software aktualisieren**
  Halten Sie das Betriebssystem und die Software auf dem neuesten Stand. Verwenden Sie zum Beispiel die automatische Updatefunktion von Windows, um regelmäßig die neuesten Sicherheitsupdates zu installieren.

- **Antivirensoftware und Antispyware installieren**
  Installieren Sie auf Ihrem Computer Antivirensoftware sowie Antispyware, um vor Angriffen geschützt zu sein. Weitere Informationen hierzu finden Sie im Kapitel *Surfen, aber sicher* (→ Seite 96).

Wenn es Sie doch erwischt

Falls Sie versehentlich doch auf die Masche der Betrüger reingefallen sind, sollten Sie schnell reagieren.

So geht's:

Wenn Sie zum Beispiel merken, dass während des Onlinebankings die Verbindung abbricht oder nur die Startseite der Bank erscheint, können Sie folgendermaßen vorgehen:

- **Browser schließen**
  Schließen Sie sofort den Browser und öffnen Sie stattdessen einen alternativen Browser wie Firefox oder Opera (→ Seite 21).

- **Überweisung überprüfen**
  Melden Sie sich noch einmal mit Ihren Zugangsdaten bei der Bank an und prüfen Sie, ob zum Beispiel die getätigte Überweisung durchgeführt wurde. Erscheint die Überweisung im Kontoauszug oder der Auftragsliste, ist alles in Ordnung. Im Zweifelsfall empfiehlt es sich, telefonisch bei der Bank nachzufragen.

- **PIN ändern oder Zugang sperren**
  Wenn Sie den Verdacht haben, dass Ihre Zugangsdaten und TAN-Nummern ausspioniert wurden, sollten Sie schnellstmöglich die PIN ändern. Loggen Sie sich sofort wieder bei der Bank ein und ändern Sie die PIN. Sollte das nicht möglich sein, sperren Sie den Zugang. Das geht am schnellsten, wenn Sie auf der Anmeldeseite absichtlich dreimal hintereinander eine falsche PIN eingeben. Die Bank sperrt daraufhin den Zugang. Hacker können dann keinen Schaden mehr anrichten. Um den Zugang wieder entsperren zu

lassen und neue Zugangsdaten zu erhalten, wenden Sie sich an den Kundenberater Ihrer Bank.

Komfort pur mit Homebankingsoftware

Zwar lassen sich mit Banking per Standardbrowser alle wichtigen Bankgeschäfte wie Überweisungen oder Umsatzabfragen durchführen, es geht aber auch komfortabler: mit Bankingsoftware.

Gegenüber dem Browser bieten spezielle Bankingprogramme Komfortfunktionen, die Homebanking noch einfacher und – ganz wichtig – auch sicherer machen. Die Vorteile der Bankingsoftware gegenüber dem klassischen Homebanking:

- **Mehr Überblick**
  Mit Bankingsoftware verwalten Sie Ihr gesamtes Vermögen wie Sparbuch, Girokonto, Bausparvertrag, Kreditkartenkonto, Wertpapierdepot und Barmittel.

- **Mehr Komfort**
  Bankingsoftware bietet mehr Komfort beim Homebanking. So können Sie beispielsweise Vorlagen für häufige Überweisungen anlegen und dank umfangreicher Such- und Sortierfunktionen Buchungen leichter auffinden und verwalten.

- **Mehr Sicherheit**
  Homebanking mit Bankingsoftware ist sicherer, da Sie PIN und TAN nur über die Bankingsoftware und nicht via – möglicherweise gefälschter – Webseite an die Bank übermitteln. Mit Bankingsoftware können Sie zudem das besonders sichere HBCI-Verfahren (→ Seite 86) verwenden.

- **Zusatzfunktionen**
  Besonders praktisch sind die Zusatzfunktionen. So erhalten Sie per Mausklick ausführliche Finanzberichte, etwa über den Finanzstatus, die Einnahmen- und Ausgabenentwicklung oder Wertpapiergewinne.

Der Markt der Homebankingsoftware ist sehr übersichtlich. Nur drei Hersteller bieten spezielle Windows-Programme für Onlinebanking an: Quicken Deluxe (www.quicken.de), WISO Mein Geld (www.buhl.de) und StarMoney (www.starmoney.de).

Richtig und sicher surfen

Für Linux-Anwender sind es vor allem zwei Homebankingprogramme, die aktuell sind und weiterentwickelt werden: GnuCash (gnucash.win2linux.org/) und Money-Penny (www.moneypenny-live.de). Letzteres ist ein deutsches Programm und wird in Zusammenarbeit mit den Volksbanken entwickelt.

Mac-OS-X-Anwender können auf die Programme Bank X (www.application-systems.de/bankx/) und MacGiro (https://www.med-i-bit.de/MacGiroBestellungen/) zurückgreifen.

Bevor Sie Ihre Bankgeschäfte per Bankingsoftware erledigen, können Sie die Programme auch erst einmal ausprobieren. Von Mein Geld und StarMoney gibt es Testversionen, die Sie kostenlos installieren und vier Wochen testen können. Aber: Wenn Sie erst einmal vier Wochen damit gearbeitet, sich eingerichtet und zahlreiche Arbeitsstunden investiert haben, hat Sie der Softwarehersteller als Käufer schon ziemlich fest „am Haken".

Mit Bankingsoftware ist Onlinebanking einfacher, übersichtlicher und sicherer.

Richtig und sicher surfen
*Kapitel 5:
Surfen, aber sicher*

Richtig und sicher surfen

Surfen, aber sicher

Fast täglich machen Horrormeldungen die Runde: Neue Viren oder Trojaner, die in den heimischen PC eindringen; Spyware, die geheime Daten entlocken möchte; Spam-Mails, die Ihr Postfach mit Werbung überhäufen. Das Internet ist voller Gefahren.

Doch keine Sorge: Gegen alle Gefahren können Sie sich mit wenigen Mausklicks absichern. Wer seinen Computer mit Firewall, Antivirensoftware, Antispyware und Spamfilter ausstattet, ist vor den größten Gefahrenquellen geschützt. Spione und andere Schädlinge kommen dann erst gar nicht rein.

Dieses Kapitel verrät Ihnen, welche Gefahren im Internet lauern, wie Sie Datenspione erkennen und sich erfolgreich gegen sie wehren.

Die wichtigsten Gefahrenquellen im Überblick

Bisweilen wirkt das Internet wie ein undurchdringlicher Dschungel. Millionen von Anwendern surfen täglich auf Milliarden von Webseiten. Dass bei dieser Menge auch Gauner und Betrüger unterwegs sind, verwundert da nicht. Wie im realen Leben gehört auch in der virtuellen Welt des Internets ein gewisses Maß an Kriminalität zum Alltag.

Die Bandbreite der Angriffe und Gefahren aus dem Internet reicht von einfachen Scherzen über das Ausspähen persönlicher Daten bis zum Löschen ganzer Festplatten. Die Fachwelt spricht von Viren, Trojanern, Adware, Spyware, Phishing, Dialern und Spam:

- **Viren**

  Computerviren sind kleine Programme, die Anwendungsprogramme und das Betriebssystem des PCs manipulieren oder unbrauchbar machen.

- **Trojaner**

  Besonders hinterhältig sind Trojanische Pferde – oder kurz: Trojaner. Wie das Vorbild aus der griechischen Mythologie tarnt sich ein Trojaner als nützliches Programm, im Hintergrund erfüllt es aber eine ganz andere Funktion. Oft späht ein Trojaner geheime Daten wie Passwörter oder PIN-Nummern aus und überträgt sie per Internet an den Programmierer des Trojaners.

- **Adware und Spyware**
  Diese Programme sind oft zwar nicht schädlich, aber lästig. Adware installiert sich zusammen mit anderen Programmen und sammelt im Hintergrund Daten über das persönliche Surfverhalten. Daher wird Adware oft auch als Spyware (Spion-Software) bezeichnet.

- **Phishing**
  Das Fischen nach Passwörtern – im Fachjargon Phishing genannt – lockt Anwender mit gefälschten E-Mails auf manipulierte Webseiten, um Passwörter, PIN- und TAN-Nummern zu ergaunern. Phishing ist besonders beim Onlinebanking gefährlich. Ausführliche Informationen zu dieser Masche finden Sie im Kapitel *Bei Mausklick Geld* (→ Seite 82).

- **Dialer**
  Wenn Dialer heimlich die Internetverbindung über 0190- oder 0900-Telefonnummern aufbauen, wird es teuer. Diese Gefahr besteht allerdings nur, wenn Sie per Modem oder ISDN ins Internet gehen. DSL-Nutzer sind vor Dialern geschützt.

- **Spam**
  Der massenhafte Versand von Werbe-E-Mails (Spam) ist zwar nicht gefährlich, aber überaus lästig.

Für alle Gefahren und Angriffe gilt: Sie können sich davor schützen und Ihren PC „sauber" halten. Entsprechende Schutzprogramme sorgen (oft sogar kostenlos) dafür, dass Viren, Trojaner und andere Schädlinge erst gar nicht auf den PC gelangen.

Grundsicherung durch automatische Updates

Keine Software ist perfekt, auch nicht Betriebssysteme wie Windows, Mac OS und Linux. Sie enthalten Fehler und Sicherheitslücken, über die Hacker in den PC eindringen und Schaden anrichten können. Die Hersteller sind bemüht, bekannt gewordene Sicherheitslücken so schnell wie möglich zu stopfen. Kostenlos bereitgestellte Updates und Patches machen den Rechner wieder „dicht". Es ist ein ständiges Wettrüsten zwischen Hackern auf der einen und Softwareherstellern auf der anderen Seite.

Richtig und sicher surfen

So geht's:

Fast wöchentlich stellt Microsoft beim „Patchday" neue Sicherheitsupdates zur Verfügung. Um beim Wettrüsten die Nase vorn zu haben, sollten Sie regelmäßig die aktuellsten Updates installieren. Das geht am einfachsten, wenn Sie die automatische Updatefunktion von Windows nutzen:

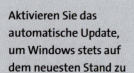

1. Rufen Sie den Befehl *Start | Systemsteuerung* auf.
2. Klicken Sie auf *Sicherheitscenter*.
3. Klicken Sie auf *Automatische Updates*.
4. Im folgenden Fenster wählen Sie die Option *Automatisch (empfohlen)* sowie den gewünschten Zeitpunkt für die Aktualisierung.

Ab sofort sucht Windows regelmäßig nach wichtigen Updates und installiert sie auch automatisch. Gefährliche Sicherheitslöcher werden so gestopft.

Aktivieren Sie das automatische Update, um Windows stets auf dem neuesten Stand zu halten.

Surfen, aber sicher

Firewalls schützen vor direkten Angriffen

Ein PC ohne Firewall ist wie ein Haus ohne Tür. Fremde und ungebetene Gäste können ungehindert eindringen, sich umschauen, Sachen mitnehmen oder mutwillig zerstören. Daher gehört eine Firewall zur Grundausstattung jedes Computers.

Die Firewall arbeitet wie ein Türsteher. Jedes Datenpaket aus dem Internet wird zunächst einer gründlichen Überprüfung unterzogen. Untersucht wird vor allem, ob sich nicht heimlich ein Stück schädliche Software in den PC mogeln möchte oder ein direkter Angriff auf den PC stattfindet. Nur, wenn die Firewall grünes Licht gibt, wird das Datenpaket durchgelassen.

Die Windows-Firewall

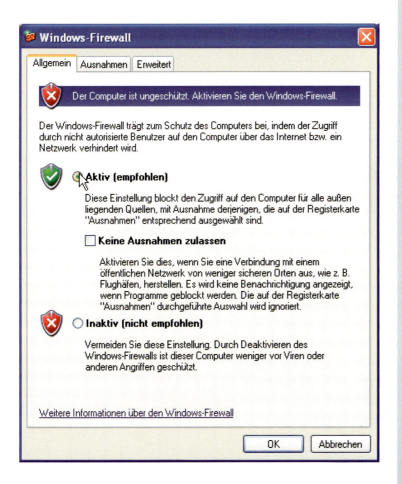

Die Firewall ist aktiv und überwacht den gesamten Datenverkehr.

Richtig und sicher surfen

So geht's:

Bei Windows ist von Haus aus eine Firewall mit an Bord. Sie nützt allerdings nur, wenn sie eingeschaltet ist. Das können Sie leicht in der Systemsteuerung überprüfen:

1. Rufen Sie den Befehl *Start | Systemsteuerung* auf.
2. Klicken Sie auf *Sicherheitscenter*.
3. Klicken Sie auf *Windows-Firewall*.
4. Achten Sie darauf, dass im folgenden Dialogfenster die Option *Aktiv (empfohlen)* eingeschaltet ist. Erst dann ist die Firewall von Windows aktiviert und überwacht den ein- und ausgehenden Datenverkehr.

Normalerweise reicht die Einstellung *Aktiv* für einen wirksamen Schutz vollkommen aus. Alle anderen Einstellungen können Sie zunächst unverändert lassen. Nur, wenn es mit einem neu installierten Programm Probleme gibt und sich damit keine Internetverbindung aufbauen lässt, müssen Sie eingreifen. Dann können Sie das Programm über die Registerkarte *Ausnahmen* zur Ausnahmenliste hinzufügen. Alle dort aufgeführten Programme erhalten praktisch eine Sondergenehmigung, um an der Firewall vorbeizukommen. Setzen Sie diese Notlösung aber nur sparsam und nur für Programme ein, denen Sie vertrauen.

Die Sondergenehmigung können Sie auch dann erteilen, wenn die Firewall eine Software beim unerlaubten Zugriff erwischt. Wenn Sie beispielsweise ein neues Mail-Programm installieren, das die Firewall noch nicht kennt, erscheint zunächst ein Warnhinweis. Die Windows-Firewall macht Sie darauf aufmerksam, dass ein neues Programm versucht, an der Firewall vorbeizukommen. Das ist ein gutes Zeichen – es zeigt, dass die Firewall funktioniert und nicht einfach jeden Zugriff auf das Internet zulässt.

Kostenlose Alternativen

Für einen ordentlichen Grundschutz reicht die Firewall von Windows aus. Wenn Sie das automatische Update von Windows nutzen, wird auch die Firewall regelmäßig aktualisiert.

Neben der Windows-eigenen Firewall gibt es aber interessante Alternativen. Die Personal Firewall von Sygate (www.sygate.de) gibt

Surfen, aber sicher

es kostenlos. Sie bietet einen guten Schutz vor direkten Angriffen aus dem Internet. Auch die ebenfalls kostenlosen Firewalls ZoneAlarm (www.zonealarm.de) und Sunbelt Kerio Personal Firewall (www.sunbelt-software.com/Kerio.cfm) leisten gute Dienste als Türsteher. Gegenüber der Windows-Firewall bieten Sygate und ZoneAlarm weitere Komfortfunktionen wie ausführliche Sicherheitsberichte oder detaillierte Statusanzeigen.

Info

Firewalls im Test

Einen ausführlichen Test von Firewalls finden Sie in der Zeitschrift *test 2/2005* (bei www.warentest.de die Suchbegriffe *Schutzprogramme* und *Test* eingeben). Dort wurden vier Antivirenprogramme, sechs Firewalls und zehn Sicherheitspakete auf Herz und Nieren überprüft.

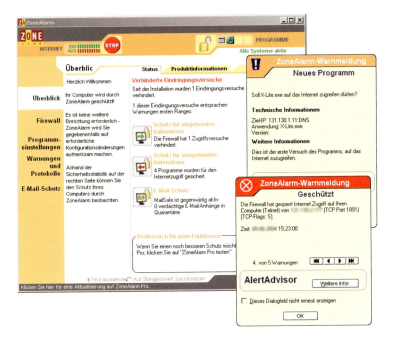

Kostenlose Firewalls wie ZoneAlarm sind gute Alternativen zur Windows-Firewall.

Übrigens: Windows erkennt automatisch, wenn Sie eine eigene Firewall-Lösung einsetzen und schaltet dann die Windows-Firewall aus. Im Zweifelsfall entscheiden Sie im Sicherheitscenter einfach selbst, welcher Firewall Sie den Vorzug geben.

Viren und Trojaner müssen draußen bleiben

Auf Platz eins der potenziellen Angriffe auf den eigenen PC stehen Viren. Der Name ist gut gewählt. Ein Computervirus ähnelt tatsächlich seinem biologischen Vorbild. Computerviren liegen zwar nur in digitaler Form vor, nutzen aber ebenfalls den Wirt – hier den PC – und schädigen ihn. Und sie vermehren sich ebenfalls unkontrolliert.

Computerviren sind kleine Programme, die über manipulierte E-Mails oder Webseiten den Weg in den eigenen PC finden. Oft erfolgt

Info

60.000 Viren weltweit

Wie viele Computerviren genau existieren, lässt sich nur schätzen. Bekannt sind derzeit über 60.000 Viren, vornehmlich für Windows-PCs. Aber auch Viren für Mac und Linux sind im Umlauf.

Richtig und sicher surfen

ein Virenbefall zunächst unbemerkt. Das Gemeine: Im Computervirus sind Funktionen eingebaut, die Programme beeinträchtigen, Daten manipulieren oder Teile der Festplatte löschen.

Daher gilt: Kein PC sollte ohne Antivirenprogramm ins Internet.

Kostenlose Virenscanner für Ihren PC

Für den Schutz vor Viren gibt es zahlreiche Programme, einige sind sogar kostenlos. Zu den besten zählt AntiVir der Avira GmbH aus Deutschland. AntiVir Personal Edition Classic ist allerdings nur bei privater und nicht kommerzieller Nutzung gratis.

So geht's:

Um mit dem kostenlosen AntiVir Ihren PC dauerhaft vor Virenbefall zu bewahren, gehen Sie folgendermaßen vor:

1. Rufen Sie die Webseite www.free-av.de auf.
2. Klicken Sie auf *Download* und anschließend auf einen der angebotenen Downloadserver wie *Chip Online*, um den kostenlosen Virenscanner herunterzuladen.
3. Im Downloadfenster klicken Sie auf *Öffnen*, um gleich nach dem Herunterladen mit der Installation zu beginnen.
4. Folgen Sie den Anweisungen des Installationsassistenten, um die Installation abzuschließen.

5. Nach der Installation ist der Virenwächter sofort aktiv und überwacht den Computer – erkennbar am Regenschirm-Symbol in der Taskleiste.
6. Nach der Installation sollten Sie sofort ein Update durchführen, um vom Server des Herstellers die aktuellen Vireninformationen zu beziehen. Hierzu klicken Sie mit der rechten (!) Maustaste auf das Regenschirm-Symbol in der Taskleiste und wählen den Befehl *Update starten*. Um die weiteren Updates brauchen Sie sich nicht mehr zu kümmern, da AntiVir automatisch alle 24 Stunden die Virendatenbank aktualisiert. Auf Wunsch können Sie die automatische Aktualisierung auch abschalten und die Updates manuell herunterladen. Empfehlenswert ist die Deaktivierung allerdings nicht, da Sie sonst die neuesten Vireninformationen verpassen oder zu spät erhalten.

Surfen, aber sicher

Nach der Installation empfiehlt es sich, den Computer einmal gründlich auf Viren zu überprüfen – sicher ist sicher. Hierzu starten Sie das Programm mit dem Befehl *Start | Alle Programme | AntiVir Personal Edition Classic | AntiVir Personal Edition Classic starten* und wechseln in das Register *Prüfen*. Wählen Sie hier *Lokale Laufwerke* aus und klicken Sie auf das Symbol mit der Lupe. Je nach Größe der Festplatte dauert die Überprüfung zwischen einer und 60 Minuten.

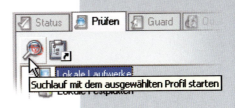

Der kostenlose Virenscanner AntiVir auf Virensuche.

E-Mail-Schutz inklusive

AntiVir bietet einen wirksamen Schutz vor Dateiviren. Es hat allerdings einen Nachteil: AntiVir kann keine E-Mails auf Viren überprüfen. Der Schutz beginnt erst, wenn etwa der Anhang der E-Mail als Datei auf der Festplatte gespeichert wird.

Einen Schritt weiter geht der für private Nutzer ebenfalls kostenlose Virenscanner AVG Free Edition von Grisoft. Hier beginnt der Virenschutz bereits im E-Mail-Postfach. Das ist wichtig, da viele Viren und Trojaner per E-Mail den Weg in den PC finden.

So geht's:

Sie finden den kostenlosen Virenscanner inklusive E-Mail-Schutz auf der Webseite www.grisoft.de/doc/289/lng/de/tpl/tpl01. Nach

Richtig und sicher surfen

der Installation bindet sich der Virenscanner zusätzlich in das Mail-Programm Outlook ein und untersucht alle ein- und ausgehenden E-Mails auf Virenbefall.

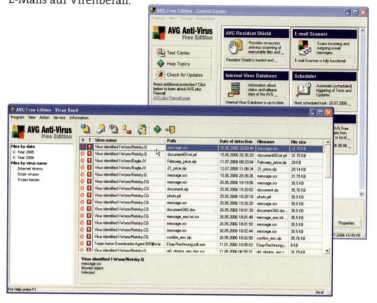

Volltreffer: Der Virenscanner AVG Anti-Virus hat zahlreiche in E-Mails versteckte Viren unschädlich gemacht.

Info

Kommerzielle Virenscanner

Neben den kostenlosen Virenscannern, die bereits sehr gute Dienste leisten, gibt es zahlreiche kommerzielle Anbieter, deren Virenscanner mit weiteren Komfortfunktionen ausgestattet sind. Für knapp 40 Euro gibt es zum Beispiel von folgenden Anbietern einen umfassenden Virenschutz:

- Kaspersky Anti-Virus Personal (www.kaspersky.com)
- Symantec Anti-Virus (www.symantec.de)
- McAfee virusscan (www.mcafee.de)

Onlinescanner: Für den schnellen Check zwischendurch

Falls auf Ihrem Computer noch kein Virenscanner installiert ist, können Sie auch online eine Überprüfung vornehmen. Der Antivirenspezialist Symantec stellt hierzu einen praktischen Onlinevirenscanner zur Verfügung.

So geht's:

Um den Computer – praktisch für einen schnellen Check zwischendurch – online auf Virenbefall zu überprüfen, sind nur wenige Mausklicks notwendig.

Surfen, aber sicher

1. Rufen Sie zunächst die Webseite security.symantec.com/de (ohne „www.") auf.
2. Klicken Sie im Pop-up-Fenster auf die Schaltfläche *Start*.
3. Bestätigen Sie die Lizenzvereinbarungen, klicken Sie auf *Weiter*.
4. Für den Virencheck muss zunächst ein Stück Software installiert werden. Bestätigen Sie die entsprechende Sicherheitswarnung per Mausklick auf *Installieren*.
   Sollte am oberen Rand des Pop-up-Fensters eine gelbe Leiste erscheinen, klicken Sie auf diese Leiste und wählen den Befehl *ActiveX-Steuerelement installieren*, um die Installation abzuschließen.
5. Anschließend prüft Symantec über das Internet Ihren PC auf alle bekannten Viren und Trojanischen Pferde. Um die aktuellen Vireninformationen brauchen Sie sich keine Gedanken zu machen, da automatisch auf die neuesten Vireninformationen der Symantec-Datenbank zurückgegriffen wird.

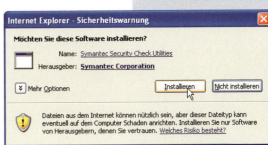

Auf Wunsch können Sie Ihren PC online über die Webseite von Symantec auf Viren untersuchen lassen.

Adware und Spyware loswerden

Viele Freeware- und Sharewareprogramme installieren zusätzlich zum eigentlichen Programm sogenannte Spyware – still und heimlich.

Richtig und sicher surfen

Der Name ist gut gewählt: Wie ein feindlicher Spion nistet sich die Spyware unbemerkt im PC ein und spioniert Sie und Ihren Computer aus. Der digitale Spion sammelt zum Beispiel Informationen darüber, welche Programme Sie wann aufrufen, zu welchem Zeitpunkt Sie ins Internet gehen oder welche Webseiten Sie besuchen. Die gesammelten Daten übermittelt die Spyware dann unbemerkt im Hintergrund an ihre Programmierer, ganz schön gemein.

Zum Glück gibt es passende Antispywareprogramme, die sich auf die Suche nach verdächtiger Software machen und sie per Mausklick gleich löschen. Sie können problemlos auch mehrere Antispywareprogramme gleichzeitig einsetzen.

Ad-Aware macht Spyware den Garaus

Besonders erfolgreich ist dabei das kostenlose Tool Ad-Aware. Es macht sich auf die Suche nach verdächtiger Software auf Ihrem PC und löscht sie auf Wunsch gleich. Ad-Aware durchforstet dabei alle Laufwerke – auch USB-Sticks, Digitalkameras und andere Wechseldatenträger – nach Spyware und Adware. Auch der Arbeitsspeicher und die Registrierdatenbank von Windows werden gründlich durchleuchtet. Die intensive Suche dauert zwar einige Minuten, das Ergebnis ist aber oft überzeugend: Beim ersten Check gehen dem Programm meist gleich mehrere Dutzend oder Hundert Spywarekomponenten ins Netz. Dazu gehören auch Dialer, die Internetverbindungen über teure 0190- und 0900-Nummern aufbauen.

So geht's:

Ad-Aware erhalten Sie als kostenlosen Download auf der Webseite www.lavasoft.de/german/software/adaware/. Klicken Sie auf den Button *Download.com*, um das Tool herunterzuladen.

Nach jedem Prüfvorgang erhalten Sie eine übersichtliche Zusammenfassung über alle gefundenen Übeltäter. Dazu gehören zum Beispiel harmlose Cookies von Webseiten, aber auch echte Spionageprogramme.

Zum Löschen der gefundenen Spyware verfügt Ad-Aware über einen komfortablen Assistenten, der Sie Schritt für Schritt von der Spyware befreit. Sie können den Übeltäter auch erst einmal in einen Quarantänebereich verschieben. Das ist unter Umständen notwendig, da einige Programme nur dann reibungslos laufen, wenn die mitgelieferte Spyware installiert bleibt. Von solchen Programmen sollten Sie sich schnellstens trennen. Hierzu müssen Sie lediglich die Systemsteuerung öffnen (*Start | Systemsteuerung | Software*), die nicht mehr erwünschte Software auswählen und auf *Ändern/Entfernen* klicken.

Die automatische Updatefunktion hält das Programm stets auf dem Laufenden. Das ist besonders wichtig, da fast täglich neue Spyware erscheint.

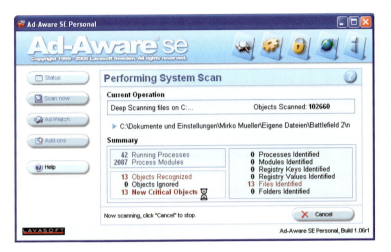

Ad-Aware bei der erfolgreichen Suche nach Spyware und anderen Schädlingen.

Spybot – Search & Destroy

Auch das kostenlose Tool Spybot – Search & Destroy kann verschiedene Arten von Spyware und ähnliche Bedrohungen auf Ihrem Computer erkennen und entfernen. Auf Wunsch beseitigt Spybot zudem alle Spuren, die Sie beim Surfen im Internet hinterlassen. Dazu gehören Cookies, besuchte Webseiten, heruntergeladene Dateien und vieles mehr. Das ist eine interessante Funktion, wenn Sie den Computer zu zweit oder dritt benutzen und für die anderen nicht zu sehen sein soll, welche Seiten Sie zuvor besucht oder welche Dateien Sie heruntergeladen haben.

So geht's:

Spybot erhalten Sie kostenlos von der Webseite www.spybot.info/de. Klicken Sie in der linken Navigationsspalte der Webseite auf *Herunterladen*, um in den Downloadbereich zu gelangen.

Die Bedienung des Programms ist sehr einfach: Mit einem Mausklick auf *Überprüfen* macht sich Spybot auf die Suche nach verdächtiger Software. Nach einigen Minuten erhalten Sie einen ausführlichen Prüfbericht und können entscheiden, welche der gefundenen Spione Sie entfernen möchten.

Praktisch ist die Funktion *Immunisieren*. Damit aktivieren Sie einen Präventivschutz, der Spione erst gar nicht auf die Platte lässt. Mit

Richtig und sicher surfen

einem Mausklick schützen Sie sich so vor über 12.000 bekannten Spywarekomponenten. Internetseiten oder Produkte, die nur das Ziel haben, Spyware auf Ihrem Computer zu installieren, lässt das Programm damit erst gar nicht durch.

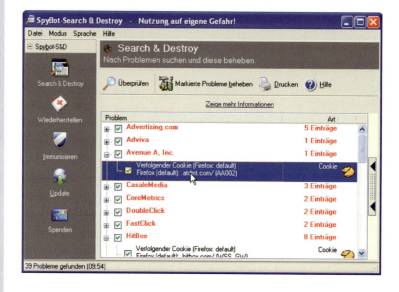

Spybot hat eine Menge verdächtiger Spyware-Komponenten entdeckt.

Windows Defender

Kostenlose Hilfe gegen Spyware gibt es auch aus dem Hause Microsoft. Das Gratis-Schutzprogramm nennt sich Windows Defender.

Achtung

Derzeit (August 2006) handelt es sich noch um eine Betaversion, aber bereits für das letzte Quartal 2006 ist eine endgültige offizielle Version angesagt.

So geht's:

Nutzer von Windows XP erhalten den Defender kostenlos von der Webseite www.microsoft.com/germany/athome/security/spyware/software, beim neuen Windows Vista ist er bereits mit an Bord.

Windows Defender nimmt Ihren PC gründlich unter die Lupe und macht sich auf die Suche nach Schnüffelsoftware. Über 10.000 bekannte Spione gehören zum Repertoire des Programms. Es sucht in Systemdateien, Cookies und der Registrierdatenbank nach versteckten Spywarekomponenten. Hat Windows Defender einen Übeltäter erwischt, können Sie entscheiden, was damit passieren soll. Sie können den Spion zum Beispiel löschen oder in Quarantäne schicken.

Surfen, aber sicher

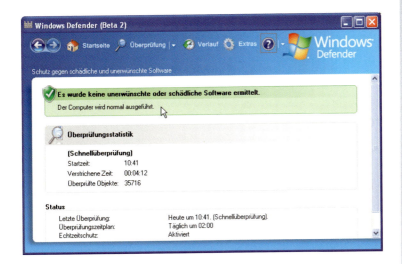

Windows Defender auf der Suche nach verdächtiger Spyware.

Keine Chance für Spam

Früher oder später erwischt es jeden Internetnutzer: Trotz sorgsamen Umgangs mit der eigenen E-Mail-Adresse quillt das Postfach mit unerwünschten Werbebotschaften über.

Spam wird der massenhaft und unverlangt zugesandte Werbemüll genannt. Der Begriff stammt aus einem Sketch der Comedyserie *Monthy Python's Flying Circus*, in dem das Wort Spam über einhundert Mal wiederholt wird. Im Sketch geht es um eine Speisekarte, die nur aus Gerichten mit Spam besteht. Ursprünglich ist Spam die Abkürzung für Spiced Ham (gewürzter Schinken) und seit 1936 in den USA ein Markenname für Dosenfleisch.

Die Masse an Spam-Mails steigt von Tag zu Tag. Nach aktuellen Studien des MessageLabs Intelligence Reports (www.messagelabs.com/Threat_Watch/Intelligence_Reports) sind im Schnitt fast zwei Drittel der im eigenen Postfach landenden E-Mails Spam. Selbst hohe Bußgelder, die in Deutschland und anderen Ländern für unverlangt zugesandte Werbe-Mails drohen, können Spammer nicht abschrecken. Neun von zehn Absendern sitzen im Ausland, vornehmlich in Afrika und Asien. Die abschreckende Wirkung von hohen Bußgeldern verpufft hier wirkungslos.

Spam ist nicht nur lästig, es kostet auch bares Geld. Nach einer EU-Studie belaufen sich die Kosten allein in Europa auf 2,5 Milliarden Euro jährlich. Das stundenlange Lesen und Löschen unerwünschter Müll-Mails kostet wertvolle Arbeitszeit.

Richtig und sicher surfen

Info

Nicht jeder Newsletter ist Spam

Einige E-Mails werden fälschlicherweise als Spam bezeichnet, obwohl sie es gar nicht sind. Wenn Sie zum Beispiel an einem Gewinnspiel teilnehmen oder online einkaufen und dabei die Einverständniserklärung für die Weitergabe Ihrer E-Mail-Adresse geben, sind Werbe-Mails der Gewinnspielveranstalter oder Warenhäuser kein Spam – schließlich haben Sie ja Ihre Zustimmung dafür gegeben.

Tipps zum Vermeiden von Spam

Auch wenn sich Spam fast nie ganz vermeiden lässt: Einige wichtige Tipps und Hinweise zum Umgang mit der eigenen E-Mail-Adresse verhindern zumindest das Ertrinken in der Spamflut.

So geht's:

Folgende Maßnahmen gegen E-Mail-Spam haben sich in der Praxis bereits bewährt:

- **Sorgsamer Umgang mit der eigenen E-Mail-Adresse**
  Geben Sie die eigene E-Mail-Adresse nicht blind an jeden weiter. Sobald die Adresse einmal in die Hände der Spammer gelangt, kommen Sie aus der Spamspirale nicht mehr heraus. Die private E-Mail-Adresse sollte nur Freunden und Verwandten bekannt sein.

- **Für jeden Zweck eine Adresse**
  Einige Provider gestatten es, viele E-Mail-Adressen anzulegen und diese auf eine Hauptadresse umzuleiten. Nutzen Sie den Service, um für jeden Zweck eine eigene Adresse zu verwenden, etwa buechershopxy@meineadresse.de für Bestellungen beim Büchershop XY. Sollten Sie später genau an diese Adresse Spam erhalten, können Sie zumindest feststellen, wer Ihre E-Mail-Adresse weitergegeben hat. Zudem können Sie die betreffende E-Mail-Adresse sperren oder alle an diese Adresse geschickten Mails automatisiert löschen lassen.

- **Wegwerfadressen verwenden**
  Wenn Sie eine E-Mail-Adresse nur einmalig benötigen, etwa bei der Anmeldung zu einem Forum, lohnen sich Wegwerfadressen. Spamgourmet (www.spamgourmet.com) richtet zum Beispiel kostenlos eine Einwegadresse ein, die nach einer bestimmten Anzahl eingegangener Mails oder einer festgelegten Gültigkeitsdauer automatisch wieder gelöscht wird.

Surfen, aber sicher

■ Adressen verschleiern

Manchmal ist es unumgänglich, die eigene E-Mail-Adresse zu veröffentlichen, zum Beispiel im Impressum der eigenen Webseite oder in Foren bzw. Newsgroups. Das ist ein gefundenes Fressen für Adress-Harvester (Adressen-Ernter), die automatisiert das Internet nach E-Mail-Adressen abgrasen. Veröffentlichte E-Mail-Adressen sollten Sie so verschleiern, dass Roboter sie nicht einlesen können. Auf der eigenen Webseite können Sie die Adresse als Grafik einfügen: Hierzu schreiben Sie die Adresse zum Beispiel als Text in Word oder Wordpad. Fertigen Sie davon mit der *Druck*-Taste einen Screenshot an und fügen Sie ihn mit dem Befehl *Bearbeiten | Einfügen* in ein Bildbearbeitungsprogramm ein. Jetzt müssen Sie die Grafik nur noch ausschneiden und als GIF- oder JPG-Datei speichern. Anschließend laden Sie die Grafik auf Ihre Webseite und platzieren sie an der gewünschten Stelle, zum Beispiel im Impressum. Roboter können die Adresse jetzt nicht mehr automatisch einlesen. In Newsgroups oder Foren sollten Sie die Adresse so verschleiern, dass Personen, nicht aber Roboter sie lesen können:

muellerLOESCHMICH@email.de (LOESCHMICH vorher löschen)

oder

mueller-at-email.de (-at- durch @ ersetzen)

Die letzte Variante wird allerdings bereits oft von cleveren Robotern erkannt, die daraus trotz Verschleierung automatisch die richtigen Adressen inklusive @-Zeichen ermitteln.

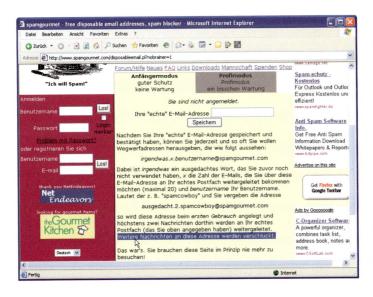

Um Spam erst gar nicht entstehen zu lassen, helfen Anbieter von Wegwerfadressen wie www.spamgourmet.com.

Richtig und sicher surfen

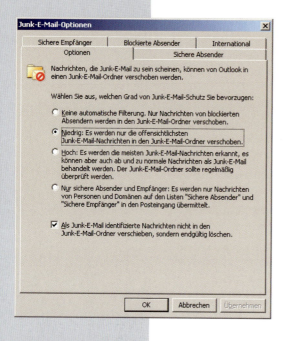

Spamfilter einsetzen

Wenn es bereits zu spät ist und Ihr E-Mail-Postfach täglich mit Spam-Mails überhäuft wird, hilft nur der Einsatz eines Spamfilters.

Der Spamfilter arbeitet wie ein Sieb. Er untersucht, ob es sich bei den eingehenden E-Mails um Spam handelt, und filtert die Schädlinge im Vorfeld aus. Übrig bleiben nur die „echten" E-Mails ohne Spam.

Ab der Version 2003 ist zum Beispiel im E-Mail-Programm Outlook von Microsoft ein Spamfilter integriert, der recht zuverlässig Spam erkennt und alle Spam-Mails automatisch in einen eigenen Ordner verschiebt.

Auch für andere E-Mail-Clients gibt es (oft sogar kostenlose) Spamfilter. So entfernt zum Beispiel das kostenlose Tool Spamihilator (www.spamihilator.com) über 98 % der Spam-Mails bereits beim Herunterladen.

> **Info**
>
> **E-Mail-Dienste mit eingebautem Spamschutz**
>
> Einige Internetprovider bieten einen integrierten Schutz vor Spam an, zum Beispiel web.de oder GMX. Der Anbieter fischt bereits im Vorfeld unerwünschte Werbe-Mails heraus und lässt sie gar nicht erst in Ihr Postfach.

Die Spamfilter versuchen dabei, anhand von charakteristischen Merkmalen Spam von normalen E-Mails zu unterscheiden. Dabei kommen zum Beispiel ausgeklügelte Wortfilter zum Einsatz, um etwa Werbung für Viagra – in welcher Schreibweise auch immer – erst gar nicht durchzulassen. Auch Merkmale wie dubiose Anhänge, übertriebene Geldversprechen, der massive Einsatz von Grafiken und vieles mehr sind für Spamfilter ein sicheres Indiz für Werbemüll.

Gemeinsam gegen Spam

Einen interessanten und erfolgreichen Ansatz im Kampf gegen Spam verfolgt der Anbieter Spamfighter (www.spamfighter.de). Neben der Filtertechnik setzt Spamfighter auf die Zusammenarbeit mit anderen Anwendern.

Alle Nutzer von Spamfighter sind wie eine große Familie zusammengeschlossen, mehr als 1,5 Millionen Anwender zählt das Spamfighter-Netzwerk. Der Vorteil: Immer, wenn Spamfighter in Ihrem Postfach Spam erkennt oder Sie eine Mail als Spam kennzeichnen, erfahren das auf einen Schlag auch alle anderen Spamfighter-Nutzer. Neue Spam-Mails sind damit schneller enttarnt als bei klassischen Spamfiltern, die nicht untereinander vernetzt sind. Spamfighter erhalten Sie für Outlook und Outlook Express kostenlos von der Webseite www.spamfighter.de.

In vielen alternativen Mail-Programmen wie Thunderbird oder Netscape Mail ist bereits ein eigener Spamfilter integriert, hier ist keine Zusatzsoftware nötig.

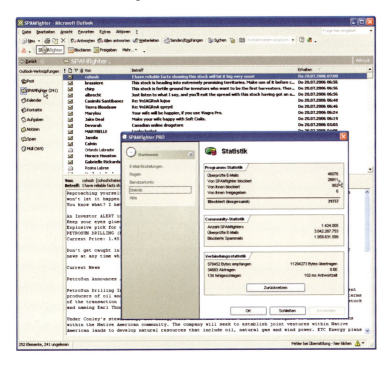

Durch den Zusammenschluss aller Spamfighter-Nutzer ist die Erkennungsrate sehr hoch.

Rundum-sorglos-Pakete

Schutzlos im Internet surfen ist wie Autofahren ohne Sicherheitsgurt: Die Reise *kann* gut gehen, im Falle eines Falles sind die Folgen aber verheerend. Nur ausgerüstet mit der richtigen Schutzsoftware brauchen Sie sich um Viren, Trojaner, Adware und Spam keine Sorgen zu machen. Die Installation der einzelnen Schutzkomponenten nimmt zwar etwas Zeit in Anspruch, doch der Aufwand lohnt sich.

Wer sich die Arbeit sparen und Firewall, Virenscanner, Antispyware und Spamschutz nicht einzeln installieren möchte, kann auch Komplettpakete verwenden. Viele Softwarehersteller haben interessante Sicherheitspakete geschnürt, die für knapp 60 bis 70 Euro alle wichtigen Schutzprogramme unter einem Dach vereinen.

In der Ausgabe 2/2005 der Fachzeitschrift *test* haben beispielsweise folgende Sicherheitspakete mit der Testnote „gut" abgeschnitten:

Richtig und sicher surfen

- G-Data Internet Security (www.g-data.de)
- McAfee Internet Security Suite (www.mcafee.de)
- Symantec Norton Internet Security (www.symantec.de)

Komplettpakete wie Norton Internet Security bieten alle wichtigen Sicherheitsprogramme aus einer Hand.

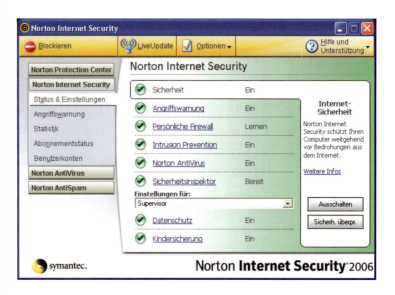

Richtig und sicher surfen
Kapitel 6: Telefonieren übers Internet

Richtig und sicher surfen

Telefonieren übers Internet

Das Internet ist nicht nur zum Surfen da. Auch telefonieren können Sie über das Web, mit Freunden und Bekannten, ins Festnetz oder zum Handy. Ihr altes Telefon können Sie dabei sogar behalten.

Das Schöne an der Internettelefonie: Die Gesprächskosten sind minimal. Gespräche zu anderen Internettelefonen sind meist sogar kostenlos. Allerdings schlägt die obligatorische DSL-Verbindung (mindestens DSL 2000) mit einer monatlichen Grundgebühr von rund 19 bis 25 Euro zu Buche – je nach Leistungsfähigkeit. Und die notwendige Internetflatrate muss mit dazugerechnet werden, auch wenn viele Provider mit (meist zeitlich begrenzten) „0-Euro-Flatrates" locken.

Telefonieren übers Internet – im Fachjargon Voice over Internet Protocol oder VoIP genannt – ist angesagt. Die Zahl der Internettelefonate steigt rasant.

Die Vorteile der Internettelefonie

Wozu im Internet telefonieren, wenn es doch das gute alte Festnetz gibt? Die Antwort ist einfach: Die Internettelefonie bietet viele Vorteile:

- **Geringere Verbindungsgebühren**
  VoIP-Gespräche sind günstiger als Festnetztelefonie. Gespräche aus dem Internet kosten bundesweit nur zwischen 1 und 1,8 Cent pro Minute. Im Festnetz der Deutschen Telekom sind bei Ferngesprächen hingegen knapp 4 Cent pro Minute fällig. Selbst die günstigsten Call-by-Call-Anbieter können da nicht mehr mithalten. VoIP spart damit bis zu 75 % der Gesprächsgebühren. Aber: Gespräche zu Handys verursachen auch bei VoIP-Nutzern deutlich höhere Verbindungsgebühren. Zwischen 15 und 25 Cent kosten VoIP-Gespräche zum Handy.

- **Stabile Tarifstruktur**
  Fern-, Nah- oder Ortstarif gibt es bei VoIP nicht. Es gilt ein Tarif für alle Gespräche.

- **Kostenlose Gespräche**
  Viele VoIP-Gespräche sind sogar gratis – egal, wie lange und wie oft Sie telefonieren. Kostenlose Gespräche gibt es zum Beispiel bei

Telefonaten im gleichen VoIP-Netz oder zwischen VoIP-Partnern wie Sipgate und web.de.

- **Keine Grundgebühr**
  Für einen VoIP-Telefonanschluss zahlen Sie bei den meisten Anbietern keinen Cent. Monatliche Grundgebühren gibt es nicht.

- **Mehr Komfort**
  Viele Internettelefone bieten Komfortfunktionen wie Anruf und Rückruf per Mausklick oder die Telefonbuchverwaltung per Browser.

- **Überall erreichbar**
  Mit VoIP sind Sie weltweit unter derselben Nummer erreichbar, egal, wo Sie sich gerade befinden. Voraussetzung ist allerdings: Sie haben einen PC mit Telefonsoftware und einen schnellen Internetzugang zur Verfügung.

- **Klingeln überall**
  Mit VoIP können Sie mehrere Telefone unter der gleichen Nummer gleichzeitig klingeln lassen, etwa das im Büro und das zu Hause. Dort, wo Sie zuerst abheben, wird das Gespräch aufgebaut.

Einer der Vorteile der Internettelefonie: Das Telefon lässt sich per Browser bedienen.

Richtig und sicher surfen

Die Nachteile der Internettelefonie

Obwohl die Vorzüge der Internettelefonie verlockend erscheinen, gibt es auch gravierende Nachteile, die den Einstieg in die neue Technik erschweren.

- **Ohne Hardware und flotten DSL-Anschluss geht nichts**
  Für VoIP brauchen Sie einen PC oder alternativ ein Internettelefon sowie einen schnellen DSL-Anschluss. Damit ist der Einstieg in die Internettelefonie fast schon geschafft. Sich extra für VoIP einen PC und einen DSL-Anschluss anzuschaffen, lohnt sich aber in der Regel nicht.

- **Flatrate muss sein**
  Wer jederzeit über VoIP telefonieren und erreichbar sein will, muss immer online sein. Eine Flatrate für die Internettelefonie ist also zu empfehlen.

- **Verminderte Gesprächsqualität**
  Die Gesprächsqualität ist bei VoIP in der Regel noch spürbar schlechter als beim Festnetztelefon.

Festnetzanschluss kündigen?

Bei den genannten Vorteilen der Internettelefonie liegt es nahe, den bisherigen Telefonanschluss zu kündigen und damit auch gleich die monatliche Grundgebühr zu sparen. In Deutschland können Sie jedoch nicht einfach Ihren Telefonanschluss kündigen – zumindest nicht ohne Folgen. In den meisten Fällen ist der DSL-Anschluss – beispielsweise T-DSL der Deutschen Telekom – an den Telefonanschluss gekoppelt. Bei einer Kündigung des Telefonanschlusses wäre im gleichen Zug auch der Internetzugang weg.

Auch wenn es Bestrebungen gibt, die Deutsche Telekom zu einer Trennung von DSL-Anschluss und Telefonanschluss zu zwingen, ist diese Entkoppelung nicht in Sicht. Die Bundesnetzagentur (www.bundesnetzagentur.de) betont, dass sie derzeit nicht die Absicht hegt, in den VoIP-Markt einzugreifen und ihn zu regulieren.

Es gibt dennoch einige wenige Anbieter, die Ihnen einen DSL-Anschluss auch ohne Telefonanschluss – praktisch einen „nackten DSL-Anschluss" – zur Verfügung stellen, etwa QSC (www.qsc.de), Broadnet (www.broadnet.de) und Tiscali (www.tiscali.de). Damit können Sie Ihre gesamte Telefonie auf VoIP umstellen und komplett auf den klassischen Telefonanschluss verzichten. Hier sollten Sie aber genau

Telefonieren übers Internet

prüfen, ob der „nackte" DSL-Anschluss inklusive VoIP-Flatrate wirklich günstiger ist als der Telefonanschluss Ihres bisherigen Anbieters.

Das brauchen Sie zum Telefonieren

Telefonieren über das Internet funktioniert nicht mit jedem Internetanschluss, auch nicht mit jedem Telefon. Bevor Sie über das Web mit Freunden plaudern können, müssen einige wichtige Grundvoraussetzungen erfüllt sein.

Um störungsfrei per VoIP telefonieren zu können, brauchen Sie folgende Komponenten:

- **Schneller Internetanschluss**
  Je schneller der Internetzugang ist, desto besser. Als Mindestvoraussetzung für eine akzeptable Gesprächsqualität gilt ein DSL-2000-Zugang. Noch schneller kann natürlich nicht schaden. ISDN- oder Modemzugänge sind für VoIP zu langsam und unbrauchbar. Außerdem wichtig: ein Flatrate-Tarif, der alle Kosten fürs Surfen und Internettelefonieren abdeckt.

- **Telefon**
  Beim Telefon haben Sie die Wahl zwischen einem Softphone (Software für den PC), einem echten Internettelefon oder Ihrem alten Telefon. Beim Softphone wird auf dem PC ein Telefon simuliert, der PC samt Headset wird zum Telefon. Nachteil dabei: Zum Telefonieren muss der PC ständig eingeschaltet bleiben. Den meisten Komfort bieten spezielle Internettelefone, die ausschließlich für VoIP konzipiert wurden. Im Test erwiesen sich die untersuchten Geräte aber noch als umständlich bei der Installation, die Handhabung ließ sehr zu wünschen übrig. Nur das Siemens Gigaset C450 IP erzielte gute Ergebnisse (test 8/2006). Mit Telefonadaptern lassen sich auch alte Telefone für VoIP verwenden. Das Telefon muss dazu an einen VoIP-Adapter angeschlossen werden, der mit einem DSL-Router verbunden ist.

Internettelefone sehen aus wie klassische Telefone. Auch die Bedienung ist gleich.

Richtig und sicher surfen

■ **VoIP-Anbieter**
Damit Gespräche ins Festnetz möglich und Sie von außen erreichbar sind, brauchen Sie einen VoIP-Anbieter. Von ihm erhalten Sie praktisch Ihren VoIP-Telefonanschluss inklusive Telefonnummer und Gateway ins Fest- und Handynetz.

Internettelefonie kostenlos testen mit Softphones

Falls Sie der Internettelefonie noch skeptisch gegenüberstehen oder die neue Technik erst einmal testen möchten, empfiehlt sich nur eines: Ausprobieren. Sie brauchen dazu lediglich einen Internet-PC (DSL 2000 oder besser) mit Kopfhörer und Mikrofon oder Headset.

So geht's:

Gehen Sie folgendermaßen vor, um VoIP kostenlos zu testen:

1. Sie benötigen einen VoIP-Telefonanschluss, also ein Kundenkonto bei einem VoIP-Anbieter. Hierfür eignet sich Sipgate, der Ihnen eine kostenlose VoIP-Telefonnummer zur Verfügung stellt. Rufen Sie die Webseite www.sipgate.de auf und klicken Sie dort auf die Schaltfläche *Jetzt gratis anmelden*.
2. Folgen Sie anschließend den Anweisungen des Installationsassistenten. Die Anmeldung auf der Webseite erfolgt in mehreren Schritten. Nachdem Sie Ihre Anschrift und die persönlichen Daten eingegeben haben, können Sie sich Ihre persönliche VoIP-Telefonnummer aussuchen. Den Anschluss und die Telefonnummer erhalten Sie im Tarif *sipgate basic* kostenlos.
3. Nachdem Sie die Anmeldung abgeschlossen haben, besitzen Sie Ihren eigenen VoIP-Telefonanschluss inklusive VoIP-Rufnummer. Mit Ihren Zugangsdaten können Sie später jederzeit Ihre persönlichen Daten beim Provider einsehen und verändern.
4. Jetzt brauchen Sie nur noch ein VoIP-Telefon. Zum Ausprobieren reicht hierzu ein Softphone (Software telephone), das auf Ihrem PC ein Telefon simuliert.

Sipgate bietet kostenlos das Softphone X-Lite an. Erfreulich: Die Sipgate-Version von X-Lite ist bereits mit Ihren persönlichen Daten vorkonfiguriert. Sie müssen es nur noch herunterladen und installieren. Rufen Sie hierzu die Webseite www.sipgate.de/download auf. Nachdem Sie sich mit Ihren persönlichen Zugangsdaten angemeldet haben, können Sie sofort mit dem Download des Softwaretelefons beginnen. Klicken Sie hierzu auf den Link *sipgate X-Lite für Mein Name herunterladen*.

5. Klicken Sie doppelt auf die heruntergeladene Datei, um mit der Installation der X-Lite-Software zu beginnen. Folgen Sie den Anweisungen des Installationsassistenten, um die Installation abzuschließen.
6. Achten Sie darauf, dass an Ihrem Computer ein Kopfhörer und ein Mikrofon angeschlossen sind. Noch besser ist, wenn Sie ein Headset verwenden.
7. Starten Sie das Softwaretelefon mit dem Befehl *Start | Alle Programme | sipgate X-Lite | sipgate X-Lite*.
8. Beim ersten Start erscheint ein Konfigurationsassistent, der gemeinsam mit Ihnen die wichtigsten Einstellungen wie Kopfhörer- und Mikrofonlautstärke vornimmt. Folgen Sie einfach den Anweisungen des Assistenten.

Das war's. Die Sipgate-Version ist bereits mit Ihren persönlichen Zugangsdaten und Ihrer Telefonnummer vorkonfiguriert. Sie brauchen keine weiteren Einstellungen vorzunehmen.

Sie können sofort Ihr erstes VoIP-Telefongespräch führen. Tippen Sie hierzu auf der X-Lite-Tastatur die Rufnummer 10000 ein und drücken Sie auf die grüne *Abheben*-Taste. X-Lite wählt daraufhin die Testnummer von Sipgate und Sie hören eine Testansage. Zum Ausprobieren können Sie auch eine kostenlose 0800-Rufnummer wählen.

Sie können auch sofort vom Festnetz aus angerufen werden. Wählen Sie hierzu vom Festnetz einfach die VoIP-Telefonnummer, die Sie bei der Sipgate-Anmeldung erhalten haben. Sobald das Softphone klingelt, können Sie mit einem Mausklick auf die grüne Abheben-Schaltfläche das Gespräch entgegennehmen – aber eben nur, solange Sie mit dem Rechner online sind.

Der umgekehrte Weg, ein Anruf von Ihrem VoIP-Telefon aus zum Festnetz, ist zunächst nicht möglich. Da Gespräche ins Festnetz kostenpflichtig sind, müssen Sie erst Ihr Sipgate-Konto mit einem Guthaben auffüllen. Dann ist der Weg ins Festnetz frei. Im persönlichen Kundenbereich können Sie Ihr Konto zum Beispiel durch eine Banküberweisung aufladen und danach beliebige Gespräche ins Festnetz führen.

> **Info**
>
> **Softphones für Mac und Linux**
>
> Das vorkonfigurierte Softphone X-Lite bietet Sipgate nur als Windows-Version an. X-Lite ist aber auch für Mac und Linux erhältlich. Den Download für andere Betriebssysteme finden Sie auf der Webseite www.counterpath.com/index.php?menu=download. Einziger Nachteil gegenüber der Sipgate-Version: Sie müssen Ihre Zugangsdaten noch selbst eintragen.

Richtig und sicher surfen

Bei den Anbietern wie Sipgate erhalten Sie einen kostenlosen VoIP-Telefonanschluss inklusive Rufnummer und Telefon.

Die meisten VoIP-Anbieter stellen kostenlos das Softphone X-Lite (www.counterpath.com) zur Verfügung. Die Bedienung ist zwar einfach, das Einrichten der Software und das Eintragen der Zugangsdaten sind allerdings recht mühsam.

Die Softphonealternativen: Phoner und Co.

So geht's:

Wesentlich einfacher in der Bedienung und Einrichtung ist das Softphone Phoner. Gehen Sie folgendermaßen vor, um Phoner zu installieren und nach dem Eintragen der Daten Ihres VoIP-Anbieters erste Telefonate zu führen:

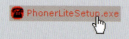

1. Rufen Sie die Webseite www.phoner.de auf, klicken Sie links in der Navigation auf *Download* und anschließend auf *PhonerLiteSetup.exe*.
2. Starten Sie die Installation per Doppelklick auf die heruntergeladene Datei *PhonerLiteSetup.exe*.
3. Folgen Sie den Anweisungen des Installationsassistenten, um die Installation abzuschließen.

4. Starten Sie das Softphone mit dem Befehl *Start | Alle Programme | PhonerLite | PhonerLite*. Falls Sie eine Firewall verwenden (zum Beispiel die Windows-Firewall), erscheint ein Warnhinweis. Damit Sie mit Phoner telefonieren können, müssen Sie der Software den Zugang zum Internet gewähren. Klicken Sie hierzu bei der Windows-Firewall auf die Schaltfläche *Nicht mehr blockieren*.
5. Nach dem ersten Start müssen Sie nur noch die Konfigurationsdaten Ihres VoIP-Anbieters eintragen. Rufen Sie hierzu den Befehl *Optionen | Konfiguration* auf.
6. Im folgenden Dialogfenster tragen Sie die Zugangsdaten Ihres VoIP-Anbieters ein. Für den Anbieter Sipgate lauten die Daten beispielsweise folgendermaßen:

Profil	**Mirko Mueller** (Vorname Nachname)
Benutzername	1234567 (Benutzername/ID)
Passwort	geheimgeheim (Passwort)
Angezeigter Name	Mirko Mueller (Vorname Nachname)
Realm/Domain	sipgate.de (Adresse des SIP-Servers)
Proxy/Registrar	sipgate.de (Adresse des SIP-Proxy-Servers)
STUN-Server	stun.sipgate.net:10000 (Adresse des STUN-Servers)

7. Klicken Sie auf *Speichern*, um die Daten zu übernehmen. Phoner meldet sich daraufhin mit den eingegebenen Daten bei Ihrem VoIP-Anbieter an.

Sofern Sie alles richtig eingetragen haben, erscheint in der unteren Statusleiste ein kleines grünes Lämpchen. Das signalisiert, dass Sie er-

Richtig und sicher surfen

folgreich angemeldet sind und sofort lostelefonieren können. Geben Sie oben rechts in das Feld *Zielrufnummer* einfach die gewünschte Rufnummer ein und klicken Sie auf die grüne *Abheben*-Schaltfläche.

Mit einer Telefonsoftware wie Phoner plus Headset ist das Telefonieren per Internet besonders einfach.

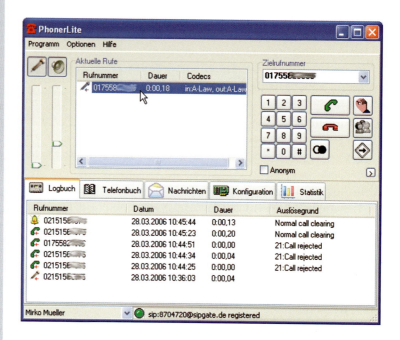

Kostenlos plaudern mit Skype

Der Anbieter Skype gehört zu den Pionieren der Internettelefonie. Bereits seit 2003 bietet Skype die Möglichkeit, über das Internet zu plaudern. Mittlerweile gehört der Anbieter mit über fünf Millionen aktiven Nutzern weltweit zu den größten der Branche.

Der Erfolg von Skype liegt vor allem in der besonders einfachen Installation. Die Software ist im Handumdrehen eingerichtet, erste Telefonate führen Sie innerhalb weniger Minuten. Alle Gespräche zwischen Skype-Nutzern untereinander sind kostenlos.

Allerdings hat Skype auch gravierende Nachteile. Das verwendete Skype-Protokoll ist ein proprietäres Protokoll: Es wird nur von Skype und keinem anderen VoIP-Anbieter genutzt. Andere Anbieter setzen dagegen auf das offene SIP-Protokoll, sind damit teilweise untereinander vernetzt und ermöglichen kostenlose Gespräche zu Partnernetzwerken. Das Skype-Netzwerk ist hingegen eine in sich geschlossene Welt – eine Insellösung im weltweiten VoIP-Meer.

Telefonieren übers Internet

Mehrere Millionen Anwender weltweit nutzen Skype für kostenlose Gespräche.

Auch die Verbindung der klassischen Telefonwelt mit Skype ist nicht einfach: Zwar gibt es mit den Diensten SkypeOut und SkypeIn die Möglichkeit, auch Festnetzanschlüsse zu erreichen oder von diesen angerufen zu werden – die Kosten sind aber deutlich höher als bei anderen VoIP-Anbietern. Zudem gibt es kaum Telefone, die das Skype-Protokoll unterstützen. Wer mit Skype telefonieren will, muss sich auf den PC plus Headset oder eine minimale Auswahl verfügbarer Telefone beschränken.

So geht's:

Trotz aller Kritik erfreut sich Skype gerade bei Gesprächen von PC zu PC großer Beliebtheit. Sowohl die Installation der Software als auch das Einrichten eines neuen Skype-Kontos sind sehr einfach:

1. Rufen Sie die Webseite www.skype.com/intl/de auf.
2. Klicken Sie auf der Skype-Webseite auf die Schaltfläche *Jetzt herunterladen*.
3. Windows startet daraufhin den Download der Software. Klicken Sie auf die Schaltfläche *Öffnen*, um nach dem Download gleich mit der Installation zu beginnen.
4. Folgen Sie den Anweisungen des Installationsassistenten, um die Installation abzuschließen.

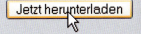

Richtig und sicher surfen

5. Starten Sie die Skype-Software mit dem Befehl *Start | Alle Programme | Skype | Skype*.
6. Jetzt brauchen Sie nur noch ein Skype-Konto, damit Sie telefonieren können. Klicken Sie im Willkommensbildschirm auf den Link *Sie haben noch keinen Skype-Namen?*
7. Es erscheint der Assistent zum Einrichten eines neuen Skype-Kontos und zur Auswahl Ihres Skype-Namens. Der Skype-Name ist Ihr Rufname, mit dem Sie im Skype-Netzwerk auftreten möchten. Folgen Sie den Anweisungen des Assistenten, um die Einrichtung abzuschließen.
8. Nach Abschluss der Anmeldung erscheint der Startassistent von Skype. Er führt Sie Schritt für Schritt durch die wichtigsten Einstellungen. Hier können Sie auch gleich den ersten Anruf zur Testrufnummer durchführen.
9. Das war's: Nach Abschluss der Erstinstallation können Sie sofort loslegen und mit anderen Skype-Nutzern telefonieren. Falls Sie noch keinen Skype-Nutzer kennen: Der in der Kontaktliste aufgeführte Kontakt *Skype Test* ist die Testrufnummer mit einem kurzen Ansagetext. Hiermit können Sie zirka zehn Sekunden lang selbst aufs Band sprechen und sich den aufgesprochenen Text wieder vorspielen lassen. Ideal zum Prüfen der Verbindung und Sprachqualität.

Gut abgeschnitten hat bei *test* auch der Freenet iPhone Communicator, der als kostenlose Demoversion mit bis zu 200 Freiminuten erhältlich ist (www.freenet.de).

Telefonate mit anderen Skype-Nutzern sind mit der Skype-Software besonders einfach.

Info

Skype gibt es auch für Mac OS X und Linux. Sogar mit Pocket-PCs können Sie „skypen". Die Versionen für alle Betriebssysteme und Pocket-PCs finden Sie auf der Webseite www.skype.com/intl/de/download.

Telefonieren übers Internet

Der richtige Anbieter

Erst der VoIP-Anbieter ermöglicht die Telefonate ins Festnetz, zum Handy oder ins Ausland. Er stellt hierzu Gateways zur Verfügung, die als Schnittstelle zwischen dem Internet, dem Festnetz und Handys dienen.

Über 50 VoIP-Anbieter buhlen mittlerweile um die Gunst der Internettelefonierer. Falls Sie sich nicht entscheiden können, macht das gar nichts. Denn das Risiko, sich an einen falschen Anbieter zu binden, ist gering. Bei vielen Providern erhalten Sie Ihre VoIP-Rufnummer kostenlos. Sie zahlen nur, wenn Sie mit dem neuen Anschluss ins Festnetz telefonieren. Fixkosten fallen oft erst gar nicht an. Somit besteht auch keine Gefahr, für einen ungenutzten VoIP-Anschluss Grundgebühren zahlen zu müssen.

Tipp

Melden Sie sich gleich bei mehreren VoIP-Anbietern an, bei denen Sie kostenlos eine VoIP-Rufnummer bekommen. Zwei oder drei Anbieter sind recht praktisch. Dann können Sie mal den einen und mal den anderen Anbieter ausprobieren und erst dann entscheiden, welcher Ihr Lieblingsprovider wird.

Einige Anbieter wie 1&1 bieten kombinierte Angebote für DSL-Anschluss und Internettelefonie an.

Richtig und sicher surfen

> **Info**
>
> **Internettelefonie im Test**
>
> Eine umfassende Übersicht über VoIP-Anbieter und -Produkte finden Sie in der Zeitschrift *test 8/2006* ab Seite 30.

Anbieter	Verbindungsgebühren pro Minute ins deutsche Festnetz	Verbindungsgebühren in Mobilfunknetze
1&1 www.1und1.de	1 Cent	22,9 bis 24,9 Cent
AOL Phone www.aol.de	1,5 Cent	20 Cent
dus.net www.dus.net	1,49 Cent	17,9 Cent
Freenet www.freenet.de	1,5 Cent	22,9 Cent
Sipgate www.sipgate.de	1,79 Cent	16,9 Cent
web.de www.web.de	1,49 Cent	22,9 Cent

Für eine komplette Übersicht aller Anbieter und der Gesprächskosten empfehlen sich VoIP-Tarifvergleiche, zum Beispiel von:

- www.voiceoverip-vergleich.de
- www.teltarif.de/voip/tarifrechner.html
- www.billig-tarife.de/telefontarife/voip-vergleich.php
- www.billiger-telefonieren.de/voip

Telefonieren mit reinen Internettelefonen

Den meisten Komfort erreichen Sie mit reinen Internettelefonen. Dabei handelt es sich um Geräte, die ausschließlich für VoIP konzipiert wurden. Sie funktionieren nur mit einer Verbindung zum Internet. Der Vorteil von Internettelefonen: Sie können auch dann per Internet telefonieren, wenn der PC nicht eingeschaltet ist.

Trotz modernster Technologie sehen Internettelefone noch immer so aus, wie Telefone bereits seit Jahrzehnten aussehen – inklusive Telefonhörer, Spiralschnur und Zifferntasten. VoIP-Telefone bieten aber oft Zusatzfunktionen, die beim klassischen Telefon fehlen: beispielsweise eine komfortable Weboberfläche.

Telefonieren übers Internet

Info

Wichtige Unterschiede zum klassischen Telefon

Internettelefone sehen zwar aus wie klassische Telefone, es gibt aber einen wichtigen Unterschied in der Bedienung. Beim normalen Telefon heben Sie ab, wählen die Nummer und werden automatisch verbunden. Anders beim Internettelefon, hier ähnelt die Bedienung dem Handy: Sie wählen zuerst (!) die Rufnummer und heben dann ab oder drücken die *Abheben*-Taste. Wer oft mit dem Handy telefoniert, kommt mit der neuen Bedienung schnell zurecht.

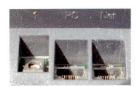

Das Anschließen eines Internettelefons ist einfach: Es wird wie ein PC angeschlossen. Am Telefon selbst befindet sich ein eigener Netzwerkanschluss. Sie müssen lediglich das Netzwerkkabel ins Telefon und das andere Ende in den DSL-Router stecken.

Gute Internettelefone

Ein breites Sortiment von Internettelefonen finden Sie bei der Firma snom (www.snom.de) aus Berlin. Das Topmodell snom 360 ist zwar recht groß ausgefallen und nimmt auf dem Schreibtisch eine Menge Platz weg – das kommt aber der einfachen Bedienung, dem großen LCD-Display und der übersichtlichen Anordnung der Tasten zugute.

Praktisch ist die Weboberfläche des Telefons. Damit können Sie das gesamte Gerät inklusive komplexer Funktionen, Details zu Anrufen, Konfigurationsmöglichkeiten und Hilfsoptionen über den Browser Ihres PCs bedienen. Bei ausgeschaltetem PC lässt sich das Telefon über die Tasten und das integrierte LCD-Display bedienen.

Weitere Internettelefone finden Sie bei folgenden Anbietern:

- Elmeg (www.elmeg.de)
- Grandstream (www.grandstream.com)
- Siemens (www.siemens.de)
- Thomson (www.speedtouchpartner.com)
- UTStarcom (www.utstarcom.com)

Info

Abhörsicher

Die Internettelefone von snom gehören zu den wenigen, die das Abhören von Gesprächen erschweren. Sie unterstützen den Sicherheitsstandard SRTP zum Verschlüsseln der Gesprächsdaten.

Achtung

Damit Telefonate verschlüsselt übertragen werden, müssen beide Gesprächspartner über ein SRTP-fähiges Telefon verfügen und die entsprechende Funktion eingeschaltet haben. Zudem muss der VoIP-Provider die SRTP-Verschlüsselung anbieten.

Richtig und sicher surfen

Alte Telefone weiterverwenden

Auch alte Telefone – ob analog oder ISDN – lassen sich für die Internettelefonie nutzen. Möglich machen das Adapter oder spezielle DSL-Router mit VoIP-Funktion.

Telefonadapter wie das Sipura SPA-2002 (www.sipura.com) oder Grandstream HandyTone 486 (www.grandstream.com) werden einfach zwischen dem DSL-Router und dem „alten" Telefon angeschlossen. Die Installation und die Einrichtung der Adapter sind allerdings recht mühsam.

Telefonadapter machen aus einem klassischen Telefon ein echtes Internettelefon.

Komfortabler sind da DSL-Router mit eingebautem Telefonadapter, zum Beispiel die Fritz!Fon-Box von AVM (www.avm.de). Hier schließen Sie das Telefon einfach an den DSL-Router an und können damit wahlweise über das Internet oder das Festnetz telefonieren. Die Installation ist einfach: Sie müssen lediglich vor dem Anschließen die Installations-CD des PCs einlegen, den Rest übernimmt der Installationsassistent. Er führt Sie am Bildschirm durch die notwendigen Schritte. Innerhalb weniger Minuten ist alles fertig eingerichtet.

DSL-Router mit eingebautem Telefonadapter ermöglichen wahlweise das Telefonieren über das Internet oder das Festnetz.

Richtig und sicher surfen

*Kapitel 7:
Musik, Fernsehen und Kino*

Film ab: Musik, Fernsehen und Kino aus dem Web

Vorhang auf für das Schönste am Internet: Entertainment. Wenn aus den PC-Lautsprechern die neuesten Songs erklingen, auf dem Monitor Kinohits flimmern und das Ganze auch noch aus dem Internet kommt, sollte das Surfen richtig Spaß machen.

Kein Wunder, schließlich liegt alles, was mit Entertainment zu tun hat, mittlerweile ohnehin im digitalen Format vor: Videos auf DVDs, Musik auf CDs, Fotos auf den Speicherkarten von Digitalkameras. Da ist der Schritt, die gesamte Bandbreite der Unterhaltung über das Internet zu übertragen, nicht weit.

Dieses Kapitel zeigt, was zum Multimediagenuss notwendig ist und wo Sie die spannendsten Radiosender, Musikstücke und Filme ergattern.

Das brauchen Sie für den Multimediagenuss per Web

Einen kompletten Spielfilm oder das aktuelle Radioprogramm Ihres Lieblingssenders live zu übertragen, das hat es in sich. Damit Fernsehen, Radio und Musik via Internet zum Genuss und nicht zur Enttäuschung werden, sind einige Grundvoraussetzungen wichtig.

So geht's:

Das brauchen Sie, um die gesamte Entertainmentwelt des Internets nutzen zu können:

- **Schneller Internetanschluss**
  Spielfilme und Liveradio sind hungrig nach schnellen Internetanschlüssen. Für einen kompletten Spielfilm gehen in 90 Minuten zwischen 500 MB und 1 GB über die Leitung. Ganz wichtig ist daher ein möglichst schneller DSL-Internetzugang. Modem- oder ISDN-Zugänge sind zu träge und gänzlich ungeeignet. Als Mindestvoraussetzung gilt ein DSL-2000-Zugang. Noch schneller kann natürlich nicht schaden. Bei einigen Anbietern wie T-Online Video on Demand stehen je nach Geschwindigkeit verschiedene Qualitäten zur Verfügung. Besitzer eines DSL-3000-Anschlusses erhalten Filme in höherer Qualität als mit einem DSL-1000-Zugang.

Musik, Fernsehen und Kino

- **Viel Speicherplatz**
  Wer Spielfilme und Musikstücke auf dem eigenen PC speichern möchte, braucht viel Speicherplatz. Ein Musikstück verschlingt im MP3-Format zwischen 1 und 2 MB, ein abendfüllender Spielfilm bis zu 1 GB. Je größer die Festplatte, umso mehr Entertainment passt auf den Computer. Auf Festplatten ab 150 GB Speicherkapazität passen schon mehrere Dutzend Filme und Tausende Musikstücke.

- **Großer Monitor oder TV-Anschluss**
  Gerade bei Spielfilmen am PC-Bildschirm gilt: Je größer das Bild, desto höher ist der Filmgenuss. Noch besser: Ein Notebook mit Internetzugang und mit einem S-Video-Ausgang. Dann können Sie den Film vom Notebook direkt auf dem Fernseher abspielen. Der Fernseher muss hierzu entweder über einen S-Video-, SCART- oder Composite-Anschluss verfügen. Mit einem entsprechenden Adapterkabel – zum Beispiel S-Video auf Composite Video – schließen Sie das Notebook dann an den Fernseher an.

  Alternativ hierzu bieten sich Streaming-Boxen an, die alle Multimediainhalte des PCs am Fernsehgerät im Wohnzimmer zur Verfügung stellen – egal, wo der PC steht. Weitere Informationen hierzu finden Sie im Abschnitt *Streaming-Boxen* (→Seite 144).

Musik ganz legal herunterladen

Der PC ist nicht nur zum Arbeiten da. Mit der richtigen Musik aus den Lautsprechern kommt auch das Vergnügen nicht zu kurz. Den Kauf von CDs können Sie sich dabei sparen. Dafür sorgen Musik-Downloadportale, die Tausende aktuelle Hits, aber auch Evergreens und Oldies zum Download anbieten. Knapp einen Euro kostet ein Titel, etwa acht bis zwölf Euro ein komplettes Album.

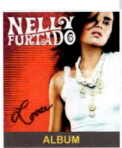

Der Vorteil der digitalen Musik liegt auf der Hand: Kein Gang zum Kaufhaus, kein Warten auf die bestellte CD – die Wunschtitel sind innerhalb von Minuten auf dem PC, der Hörgenuss kann sofort beginnen.

Für die Übertragung im Internet verwendet die Musikindustrie spezielle Datenformate, um die Datenmenge möglichst klein zu halten. Ein ursprünglich knapp 10 MByte großes Musikstück verbraucht im komprimierten MP3- oder WMA-Format nur noch knapp ein

Richtig und sicher surfen

Zehntel des Speicherplatzes. Das Musikstück ist damit auch zehnmal schneller übertragen.

Bei der Datenkompression kommt es zwar im Vergleich zur CD zu leichten Qualitätseinbußen, die Kompressionsverfahren sind aber so ausgeklügelt, dass das menschliche Ohr die Qualitätsunterschiede kaum bemerkt.

Zum Abspielen der digitalen Musikdatei kommt der Media Player zum Einsatz, der bei jedem Windows kostenlos mit dabei ist. Sie können auch alternative Player wie Musicmatch Jukebox (www.musicmatch.com), Apple iTunes (www.apple.de) oder den RealPlayer (www.real.com) verwenden. Der PC wird in Verbindung mit hochwertigen Lautsprechern zur HiFi-Zentrale.

Testsieger Musicload

So geht's:

Besonders umfangreich ist das Musikangebot von Musicload.de, das in der Zeitschrift *test 1/2006* als Sieger mit der Gesamtnote „gut" abgeschnitten hat. Mit wenigen Mausklicks sind Ihre Lieblingshits auf Ihrem PC:

1. Rufen Sie die Webseite www.musicload.de auf.
2. Suchen Sie das gewünschte Musikstück oder das Album aus und klicken Sie auf *Titel kaufen*.
3. Wählen Sie die Bezahlmethode aus – zum Beispiel Kreditkarte, Lastschrift oder Firstgate – und klicken Sie auf *Weiter*. T-Online-Kunden können auch bequem per Telefonrechnung bezahlen.

4. Auf der nächsten Seite geben Sie Ihre Zugangsdaten ein oder registrieren sich als Neukunde.
5. Nach der Kaufbestätigung können Sie die erworbenen Titel sofort herunterladen. Ein Mausklick auf *Zum Download* genügt.

Nach dem Download startet automatisch der Media Player von Windows und beginnt mit der Wiedergabe. Als Datei finden Sie das Musikstück im Ordner *Eigene Dateien\Eigene Musik*.

Musik, Fernsehen und Kino

Auf Musikportalen wie Musicload haben Sie die Wahl zwischen Tausenden aktuellen Hits.

Tipp

Damit die teuer gekauften Musikstücke nach einem Festplattenfehler oder einer Neuinstallation nicht verloren gehen, sollten Sie den Ordner *Eigene Dateien* regelmäßig sichern, zum Beispiel auf einer CD, DVD oder externen Festplatte.

Weitere Musikportale

Neben dem Testsieger Musicload gibt es weitere interessante Musikportale, die Ihre Lieblingsmusik per Mausklick auf den eigenen PC kopieren. Auch bei den folgenden Anbietern liegen die Preise bei einem Euro pro Titel und acht bis zwölf Euro pro Album:

- www.one4music.de
- www.itunes.de
- www.napster.de
- www.connect-europe.com
- musikdownloads.aol.de

Begrenzte Rechte

Musikdownload per Knopfdruck ist eine feine Sache. Mit wenigen Klicks ist das Musikstück auf dem eigenen PC. Sie können damit aber nicht machen, was Sie wollen. Die Nutzungsrechte sind begrenzt. Im Grunde kaufen Sie nicht das Musikstück selbst, sondern lediglich eine Lizenz zum Abspielen, Kopieren oder Brennen des Titels. Und das auch nicht unbegrenzt.

Bei vielen Musikportalen beinhaltet die Lizenz zwar das beliebig häufige Abspielen des Stücks, das Brennen und Weitergeben der Datei ist aber begrenzt. So lassen sich Titel oft nur zehnmal brennen oder auf einen tragbaren Player übertragen.

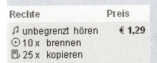

Richtig und sicher surfen

Gesteuert wird das über eine Technik namens Digital Rights Management, kurz DRM. Damit legen Musikportale exakt fest, was Käufer mit den Musikdateien anstellen können. Während Musikstücke von Musicload auf drei verschiedenen PCs angehört werden können, sind es bei iTunes fünf. Dafür ist das Übertragen auf mobile Player bei iTunes nur auf wenige iTunes-kompatible Player möglich. Vor dem Herunterladen empfiehlt sich daher ein Blick in den Hilfe- oder Support-Bereich, um vor bösen Überraschungen gefeit zu sein.

Übrigens: Mit dem Kauf eines mobilen Players legen Sie sich teilweise gleich für ein bestimmtes Musikportal fest. Käufer eines Apple iPods können nur bei Apples eigenem Musikshop iTunes Songs kaufen. Wer einen MP3-Player mit Unterstützung für WMA-Dateien sein Eigen nennt, kann zwar bei Musicload, Napster und vielen anderen Anbietern einkaufen, nicht aber bei iTunes.

Vor dem Download lohnt ein Blick in die Hilfe-Seiten. Dort erfahren Sie zum Beispiel, dass Musicload-Songs nicht auf den iPod passen.

Lizenzen sichern

Zusammen mit dem Musikstück erhalten Sie gleichzeitig eine Lizenzdatei. Und die ist besonders wichtig. Die Lizenzdatei ist praktisch der Schlüssel, um die Musikdatei überhaupt abspielen zu können. Ohne Lizenzdatei läuft nichts – weder das Hören noch das Brennen auf CD.

Windows speichert die Lizenzdatei getrennt vom eigentlichen Musikstück. Wenn Sie es versäumen, den Lizenzschlüssel separat zu

Musik, Fernsehen und Kino

sichern, können bei einem Systemabsturz die teuer erworbenen Titel unbrauchbar werden.

Info

Kostenlose Musik – ganz legal

Im Web finden Sie neben den kommerziellen Downloadportalen auch jede Menge kostenloser Musikangebote. Oft stellen Bands Titel gratis zur Verfügung oder Musikverlage und -portale locken mit kostenlosen „Schnuppersongs". Eine Übersicht aller legalen Gratisangebote finden Sie auf der Webseite www.kostenlos.de/musik.

So geht's:

Der Media Player bietet zum Glück die Möglichkeit, die gekauften Lizenzen zu sichern:

1. Rufen Sie im Media Player den Befehl *Extras | Lizenzen verwalten* auf. Sie finden das Menü per Mausklick auf den nach unten weisenden Pfeil oben rechts in der Titelleiste des Media-Player-Fensters.

2. Per Mausklick auf die Schaltfläche *Jetzt sichern* legen Sie eine Sicherheitskopie aller derzeit installierten Lizenzen an.
3. Im Falle eines Falles können Sie über die Schaltfläche *Jetzt wiederherstellen* eine zuvor angelegte Sicherheitskopie der Lizenzschlüssel wieder zurückspielen.

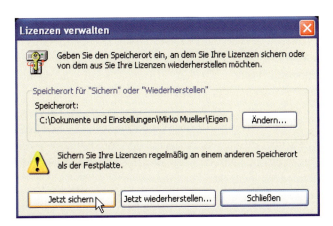

Ganz wichtig: das Sichern der Lizenzen gekaufter Musikstücke.

Richtig und sicher surfen

Illegale Musikportale

Nicht alle Musikportale sind legal. Neben den genannten Plattformen tummeln sich im Internet zahlreiche illegale Tauschbörsen. Die locken mit extrem günstigen oder gar kostenlosen Titeln.

Dahinter stecken P2P- oder Peer-to-Peer-Netzwerke (zu Deutsch: gleich zu gleich). Das Prinzip ist einfach: Wer Songs herunterlädt, stellt zugleich seine eigenen Titel allen anderen P2P-Nutzern zur Verfügung. Das hört sich praktisch an, ist aber illegal. Der Musikindustrie sind solche Tauschbörsen ein Dorn im Auge. Mit mehreren Tausend Strafanzeigen geht sie massiv gegen die Betreiber, aber auch gegen Nutzer der Netzwerke vor.

Um auf der sicheren Seite zu sein, sollten Sie Musik nur bei legalen Tauschbörsen erwerben, die Songs gegen Geld verkaufen. Allerdings gibt es auch hier Grauzonen: So bietet der russische Anbieter Allofmp3.com Tausende Songs für wenige Cent an – ein Bruchteil dessen, was Musicload und Co. verlangen. Einstweilige Verfügungen des Musikverbands Ifpi lassen die Russen unberührt, sie berufen sich auf das russische Recht. Ob solche Discountanbieter dem Druck der Musikindustrie noch lange standhalten, ist fraglich.

Fernsehen und Radio via Web

Ob ARD, ZDF, WDR oder Lokalsender: Zahlreiche Fernseh- und Rundfunkanstalten senden nicht nur über Kabel, Satellit und den Äther. Auch über das Internet strahlen viele Stationen das laufende Programm aus. Mehrere Hundert Sender stehen zur Auswahl – weltweit und kostenlos.

Briefmarken-TV

Eines vorweg: Fernsehen aus dem Internet reicht nicht an die gewohnte Qualität des Satelliten-, Kabel- oder DVB-T-Fernsehens heran. Viele Programme stehen nur in verringerter Qualität zur Verfügung, die Bildqualität erinnert eher an Fernsehen im Briefmarkenformat. Für abendfüllende Spielfilme reicht das nicht – um nebenbei am PC die Nachrichten oder Sportsendungen zu verfolgen, aber allemal.

Viele Sender haben auf ihren Webseiten spezielle Bereiche und Unterseiten, über die Sie das aktuelle Programm betrachten können. Die Suche ist oft mühsam, da viele TV-Angebote die Seiten tief in ihrem Webangebot verstecken.

Info

Rechtliche Folgen

Mit welchen rechtlichen Folgen Nutzer illegaler Tauschbörsen rechnen müssen, erfahren Sie in der Zeitschrift *test 4/2006* ab Seite 12.

Musik, Fernsehen und Kino

So geht's:

Einfacher ist da die Verwendung einer TV-Software, über die Sie bequem Hunderte von TV-und Radiosendungen anschauen bzw. anhören können. Eines der besten und komfortabelsten Programme ist onlineTV 2, ein Angebot der concept/design GmbH. Sie finden den Onlinefernseher als kostenlose Freewareversion auf der Webseite www.onlinetv2.de.

Die Bedienung der Fernseh- und Radiosoftware ist einfach. In der Senderliste sind alle verfügbaren Radio- und TV-Sender nach Themengebieten und Orten sortiert, zum Beispiel *Radiosender DE Nord* oder *TV Deutschland*. Auch ausländische Sender, etwa aus Brasilien, Großbritannien und Kanada, stehen zur Auswahl. Über 700 Radiosender und mehr als 600 TV-Programme kennt die Software.

Ein Mausklick auf einen Listeneintrag – etwa *WDR* – verbindet zum Server des jeweiligen Senders und blendet das gewünschte Fernseh- oder Radioprogramm ein. Das kann je nach Verbindungsgeschwindigkeit ein paar Sekunden dauern.

Welches Programm hätten Sie gern? Hunderte TV- und Radiosender stehen zur Auswahl.

Radiosender aufnehmen

Besonders praktisch ist die Möglichkeit, die aktuelle Sendung – etwa das laufende Radioprogramm – aufzunehmen und als MP3-Datei ab-

Richtig und sicher surfen

zuspeichern. Läuft im Radio beispielsweise gerade Ihr Lieblingstitel, genügt ein Mausklick auf die Aufnahmetaste, um den Song ganz legal als MP3-, OGG- oder WAV-Datei zu sichern.

Info

Audioformate im Klartext

Musik ist nicht gleich Musik. Digitale Songs können in verschiedenen Dateiformaten vorliegen. Allen gemeinsam ist die Datenkompression, die ohne spürbaren Qualitätsverlust die Dateigröße auf ein Minimum reduziert. Die folgende Tabelle zeigt die verbreitetsten Dateiformate und welche Abspielgeräte (MP3-Player) dafür geeignet sind:

Dateiformat	Beschreibung	Geeignete Player
MP3 (MPEG-1 Audio Layer 3)	Am weitesten verbreitetes Audioformat.	z. B.: Iriver T30 Packard Bell Vibe 500 Apple iPod
WMA (Windows Media Audio)	Audioformat der Firma Microsoft.	z. B.: Iriver T30 Creative Zen Sleek Photo Archos Gmini 500
AAC (Advanced Audio Coding)	Audioformat, das vornehmlich von Apple (iTunes) verwendet wird.	Apple iPod
ATRAC (Adaptive Transform Acoustic Coding)	Audioformat der Firma Sony.	z. B.: PlayStation Portable Sony NW-E005
OGG	Patent- und lizenzfreies Audioformat (OpenSource).	z. B.: Trekstor i.Beat Samsung YP-U1X

Info

Einen ausführlichen Test von MP3-Playern finden Sie in der Zeitschrift *test 7/2006*.

Mit der automatischen Aufnahmeoption speichert das Programm alle empfangenen Titel auf Wunsch sogar automatisch und benennt die aufgenommenen Musikstücke selbstständig nach Titel, Künstler und Album. Nach ein paar Stunden Webradio finden Sie auf der Festplatte jede Menge Musikstücke – fein säuberlich geordnet nach Genre und Interpreten. Das funktioniert leider nicht bei allen Radiosendern einwandfrei.

Musik, Fernsehen und Kino

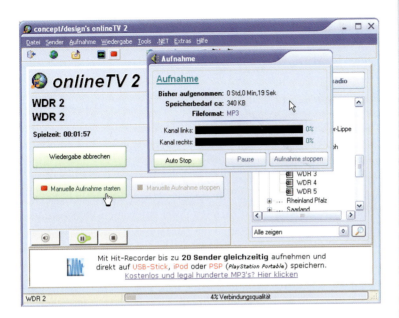

Lieblingssongs nehmen Sie per Mausklick gleich als MP3-Datei auf.

Info

GEZ-Gebühren für Internet-PCs

Ab dem 1. 1. 2007 werden nach den Plänen der GEZ für Internet-PCs Gebühren fällig – allerdings nur, wenn nicht bereits ein anderes Gerät angemeldet wurde. Wer bereits Gebühren für einen Fernseher entrichtet, muss nicht zusätzlich für den Internet-PC zahlen.

Bei der Erhebung spielt es übrigens keine Rolle, ob Sie mit dem PC tatsächlich Radio hören oder fernsehen – maßgeblich ist der Internetanschluss. Damit gehört jeder internettaugliche PC zu den gebührenpflichtigen Geräten.

Kinofilme aus dem Internet

Live-TV aus dem Internet hat oft nur Briefmarkengröße. Das Fernsehbild ist klein, oft grob aufgelöst und nicht selten lässt auch die Klangqualität zu wünschen übrig.

Anders bei Kinofilmen aus dem Internet – im Fachjargon Video on Demand (frei übersetzt: Kino auf Abruf) genannt. Hier liegt das Hauptaugenmerk auf der DVD-Qualität, die am Fernseher echten Heimkinogenuss garantieren soll. Das Fazit aus einem im Januar 2006 veröffentlichten Test von drei Video-on-Demand-Anbietern lautete aber noch: „Enttäuschende Bildqualität, hohe Preise und kleines Sortiment: Film-Abrufdienste im Netz sind keine Alternative zur Videothek." Hier ist also noch einiges zu verbessern. Für Kinofilme aus dem

Richtig und sicher surfen

Internet sind zwei bis fünf Euro pro Film fällig. Dafür stehen aktuelle Kinohits und Blockbuster zur Auswahl, die Sie auf dem PC-Bildschirm oder dem Fernseher abspielen können.

So geht's:

Video on Demand ist eine praktische Alternative zur DVD. Sie sparen sich die Fahrt zur Videothek und können sofort den gewünschten Film genießen. Möglich machen das Onlinefilmdatenbanken wie T-Online-Vision, Arcor VoD oder One4Movie. Sie bieten Filme als Streams oder als Download in hoher Qualität an. Beim Stream startet der Film auf Wunsch unmittelbar nach dem Kauf. Bei langsamen Verbindungen kann es dabei aber zu Rucklern oder Aussetzern kommen.

Wichtig: Wie beim Kauf von Musik kaufen Sie bei Video on Demand nicht den eigentlichen Film, sondern das Nutzungsrecht für einen gewissen Zeitraum, etwa 24 Stunden. Das Abspielen des Films erfolgt ausschließlich über den Windows Media Player oder eine eigene Abspielsoftware des Filmanbieters, die penibel über die Nutzungsrechte wacht. Die Angebote der Downloadvideotheken unterscheiden sich gewaltig. Das Filmprogramm von T-Online-Vision (www.t-online-vision.de) lässt sich nur von T-Online-Kunden nutzen. Für zwei bis vier Euro können Sie den gewünschten Film 24 Stunden anschauen. Durch Kooperationen mit 20th Century Fox, Paramount, Dreamworks, MGM und Universal gehören auch bekannte Kinohits zum Programm. Die Abrechnung erfolgt über die Telefonrechnung.

Anders als das T-Online-Angebot steht das Filmprogramm von Arcor (vod.arcor.de) allen Internetnutzern – also auch Nicht-Arcor-Kunden – zur Verfügung. Das Angebot ist zwar nicht so üppig wie bei T-Online-Vision, dafür gibt es zu jedem Film umfangreiche Informationen inklusive Trailer und Ausschnitte. Leider ist das Bezahlen bei Arcor nur sehr umständlich mit der Arcor-Kleingeldbörse möglich. Bequeme Zahlverfahren wie Kreditkarte, Firstgate oder Lastschrift fehlen.

Für regelmäßige Kinogänger ist das Angebot von One4Movie (www.one4movie.de) interessant. Hier steht neben dem Einzelabruf eines Films auch ein Abonnement für knapp zehn Euro im Monat zur Auswahl. Damit können beliebig viele Filme aus dem Angebot heruntergeladen werden. Leider fehlen echte Kinoknüller, da One4Movie keine Verträge mit bekannten Hollywood-Studios abgeschlossen hat.

Musik, Fernsehen und Kino

Aktuelle Kinohits aus Hollywood finden Sie bei T-Online-Vision.

Videorekorder inklusive Video on Demand

Wer es ganz komfortabel haben möchte, setzt auf Media Center wie das Activy von Fujitsu Siemens. Media Center sehen aus wie handelsübliche Videorekorder und nehmen auch genauso wenig Platz im HiFi-Schrank weg. Dahinter steckt aber mehr: Ein Media Center ist im Grunde ein handelsüblicher PC im Kleid eines Videorekorders.

Und der hat es in sich: Das Media Center vereint alle digitalen Unterhaltungsmedien von Musikstücken, Radios, TV über Fotos bis hin zu Video on Demand. Die Bedienung erfolgt in gewohnter Weise über den Fernseher und die Fernbedienung. Fernsehaufnahmen landen auf der Festplatte des Media Centers. Das TV-Programm kommt dabei entweder über Kabel oder Satellit ins Gerät.

Kunden von T-Online können bei einigen Geräten sogar einen besonderen Service in Anspruch nehmen: Ausgestattet mit einem Internetanschluss lässt sich über den Fernseher in T-Online-Vision, dem Video-on-Demand-Angebot von T-Online, stöbern. Einige Tastendrücke später landet der ausgewählte Film als Download auf dem Fernseher.

Zu den umfangreichsten Media Centern mit TV-Tuner, DVD-Player und Festplattenrekorder gehört das Fujitsu Siemens Activy Media Center (www.fujitsu-siemens.de/activymediacenter/). Einige Geräte hat die Stiftung Warentest auf Herz und Nieren überprüft. Das Test-

Richtig und sicher surfen

ergebnis (in *test 6/2005*) sorgte aber noch nicht für ungetrübte Freude: „Dafür zeigt der Activy andere Probleme: Bei Videoaufnahmen auf Festplatte sind Bild- und Tonspur leicht zeitversetzt, was sehr irritierend ist. Außerdem hat auch das Media Center von Fujitsu-Siemens mit gelegentlichen Abstürzen zu kämpfen. Und in Sachen Bildqualität können weder der Activy noch der Hush Technologies E2 MCE mit dem DVD-Rekorder DMR-E 95 HEG-S von Panasonic mithalten."

Media Center sehen zwar aus wie Videorekorder, dahinter steckt aber ein kompletter PC inklusive Internetanschluss.

Streaming-Boxen

Achtung

Nicht für Video on Demand geeignet

Streaming-Boxen eignen sich nicht für die Wiedergabe von Video-on-Demand-Kinofilmen auf dem Fernseher. Die Streaming-Box kann nur das wiedergeben, was als Musik- oder Videodatei auf dem PC vorliegt. Die Streaming-Formate, wie sie die meisten Video-on-Demand-Anbieter verschicken, brauchen einen eigenen PC mit Windows Media Player.

Ein Multimedia-PC mit jeder Menge Platz für Musik, Urlaubsfotos und Videos gehört fast schon zur Standardausstattung. Allerdings stehen die meisten PCs im Arbeitszimmer, weit weg von Stereoanlage und Fernseher. Jedes Mal das Sofa zu verlassen, um MP3-Dateien abzuspielen oder Fotos anzuschauen, ist auf Dauer keine Lösung.

Abhilfe sollen Streaming-Boxen schaffen, auch Streaming-Clients oder Soundbridges genannt. Damit wächst zusammen, was technisch sowieso zusammengehört. Die Box bringt digitale Musik, Fotos und Videos des heimischen PCs dahin, wo sie hingehören: ins Wohnzimmer zu Fernseher und HiFi-Anlage.

Die Streaming-Box übernimmt dabei die Rolle des Datentransporteurs. Sie steht im Wohnzimmer und ist direkt mit dem Fernseher bzw. der Stereoanlage verbunden. Über ein Netzwerkkabel oder kabellos per WLAN nimmt die Box Verbindung mit dem PC im Nebenzimmer auf und greift direkt auf die Multimediadateien des PCs zu. Eine auf dem Computer installierte Software übernimmt dabei die Kommunikation zwischen der Box und dem PC. Die Titelauswahl erfolgt mittels Fernbedienung oder einem im Player eingebauten Display.

Der in *test 6/2005* veröffentlichte Praxistest ließ noch einige Schwächen von Streaming-Boxen erkennen, das Fazit lautete: „Insgesamt ist der Nutzen von Streaming-Lösungen beschränkt. Der Transport von Bild und Ton erfolgt nur in eine Richtung, vom PC zur Box. Wer den PC als Videorekorder nutzen will, muss neben einem gut ausgestatteten PC also auch einen Kabel- oder Antennenanschluss im Arbeitszimmer haben. Achtung: Die Boxen übertragen keine Videos von Kauf-DVDs. Den DVDPlayer können sie also nicht ersetzen. Über die Pinnacle-Box lässt sich immerhin eine TV-Karte des gleichen Anbieters fernsteuern: So kann man vom Wohnzimmer aus Timer-Aufnahmen am PC programmieren."

Streaming-Boxen werden angeboten von:

- Netgear MP 101 (www.netgear.de)
- Philips SLA5520/00 (www.consumer.philips.com)
- Terratec Noxon 2 audio (www.my-noxon.de)
- D-Link DSM-320RD (www.d-link.de)
- Pinnacle Show Center 200 (www.pinnaclesys.com)
- T-Online S 100 (www.t-online-vision.de)
- Fujitsu Siemens Activy Media Player 150 (www.fujitsu-siemens.de/digitalhome)

Windows Media Center

Ist der Multimedia-PC im Wohnzimmer direkt neben Fernseher und HiFi-Anlage platziert und zudem mit einer TV-Karte ausgestattet, lohnt sich ein Blick auf die Media Center Edition von Windows.

Die Spezialversion macht aus Windows ein Multimediazentrum mit Videorekorder und allem Drum und Dran. Eine TV-Karte genügt, um dann mit Windows fernzusehen oder TV-Programme aufzunehmen – so die Idee der Hersteller. Der Praxistest im Juni 2005 brachte ein paar Effekte mit sich, die das Bild im wahrsten Sinne des Wortes trüben: „Die getesteten Multimedia-PCs sind zwar ungleich vielseitiger, können die Leistungen reiner Unterhaltungselektronik auf deren Spezialgebiet aber nicht erreichen. Es fehlt ihnen an Bildqualität, Benutzerfreundlichkeit und Systemstabilität." Es bleibt zu hoffen, dass die Hersteller diese Systeme weiter verbessern.

Beim Start des Windows Media Centers erlebt Windows eine wahre Metamorphose: Aus dem üblichen Windows-Desktop wird eine Multimediaoberfläche, die fast gar nichts mehr mit Windows zu tun hat. Das muss auch so sein, dann das Media Center ist auf Fernseh-

Info

In Windows Vista bereits integriert

Im neuen Windows Vista gibt es die Media Center Edition nicht mehr als Extra, sie ist bereits Bestandteil des Betriebssystems. In den Home-Editionen von Vista ist das Media Center integriert.

Richtig und sicher surfen

bildschirme optimiert. Mit Hilfe der Tastatur oder speziellen Media-Center-Fernbedienungen steuern Sie dann durch alle digitalen Inhalte wie CDs, Fotos, DVDs, Aufnahmen und TV-Programme.

Mit dem Windows Media Center verwandelt sich das Betriebssystem in eine Multimediazentrale.

Richtig und sicher surfen
Kapitel 8: Du bist Internet

Richtig und sicher surfen

Du bist Internet

Lange Zeit war das Internet wie Fernsehen: Man schaute das, was einem geboten wurde. Die Zeiten haben sich geändert. Heute ist es ein Leichtes, Inhalte nicht mehr nur zu konsumieren, sondern selbst eigene Webseiten zu produzieren und aktiv am Internet mitzuwirken. Werden Sie also selbst Teil des Internets! Mit geringem Aufwand können Sie heute schon eine eigene Webseite aufbauen. Wie wäre es zum Beispiel mit einer Seite über den letzten Urlaub – interaktive Diashow inklusive? Machen Sie Ihr eigenes Programm im Internet.

Die technischen Hürden sind gering. Sie brauchen lediglich einen PC mit Internetanschluss. Alle anderen notwendigen Werkzeuge und Hilfsmittel erhalten Sie kostenlos aus dem Internet. Vorkenntnisse in Programmiersprachen oder Grafikgestaltung sind nicht notwendig. Fertige Baukastensysteme machen's möglich.

Blogs: Mit wenigen Klicks zur eigenen Seite

Ob persönliches Tagebuch, Ihre Sammlung interessanter Links, Veröffentlichung eigener Kurzgeschichten oder Fotoalbum der Familie – es gibt viele gute Gründe, eine eigene Webseite auf die Beine zu stellen. Familie, Freunde, Bekannte und alle anderen Internetsurfer können diese dann weltweit bestaunen.

Das Erstellen einer eigenen Webseite ist heute kein Problem mehr. Möglich machen das Blogs. Das sind vorgefertigte Webseitenvorlagen, die Sie nur noch mit Ihren eigenen Inhalten füllen müssen – wie ein leeres Reihenhaus, in dem noch Ihre Möbel, Bilder und Haustiere fehlen. Und das alles gibt es kostenlos.

So geht's:

Eines der beliebtesten Blogs ist Blogger von Google. Hier erhalten Sie auch gratis eine eigene Webadresse für Ihre Seite. Ein eigenes Blog ist schnell eingerichtet:

1. Rufen Sie die Webseite www.blogger.com auf und klicken Sie auf die Schaltfläche *Blog erstellen*.
2. Auf der folgenden Seite geben Sie Ihre persönlichen Daten wie Benutzernamen und gewünschtes Kennwort ein. Klicken Sie anschließend auf *Weiter*.

Du bist Internet

3. Im nächsten Schritt geben Sie Ihrer Webseite einen treffenden Namen und wählen die gewünschte Internetadresse aus. Am besten ist ein Titel, der bereits aussagt, worum es auf Ihrer Webseite geht. Klicken Sie auf *Weiter*, um fortzufahren.

4. Auf der nächsten Seite haben Sie die Wahl zwischen verschiedenen Designvorlagen. Wählen Sie die Vorlage aus, die Ihnen am besten gefällt, und klicken Sie auf *Weiter*.

Fertig: Ihr Blog, Ihre eigene Webseite im Internet, ist damit komplett „gebaut". Jetzt fehlt nur noch der Inhalt. Hier ist Ihre Fantasie gefragt. Füllen Sie Ihr Blog nach Belieben mit eigenen Texten und Bildern oder legen Sie Kategorien und Unterkategorien für verschiedene Themenbereiche an.

Jeder kann mitmachen: Mit Hilfe von Blogs stellen Sie zu allen erdenklichen Themen eine eigene Webseite auf die Beine.

149

Richtig und sicher surfen

Ein neuer Text für die eigene Webseite ist schnell geschrieben.

Das alles erledigen Sie über die Weboberfläche des Bloganbieters. Wenn Sie sich auf der Hauptseite von Blogger mit Ihren Zugangsdaten anmelden, gelangen Sie in Ihren persönlichen Bloggingbereich. Dort können Sie per Mausklick eigene Texte verfassen oder das Design verändern. Eine ausführliche Anleitung zu allen Funktionen finden Sie über den Link *Hilfe* in der rechten oberen Ecke.

Ein Blog ist der schnellste und unkomplizierteste Weg zur eigenen Homepage. Es gibt auch Alternativen: Oft erhalten Sie von Ihrem Internetanbieter – zum Beispiel 1&1 – zusätzlich zum Internetzugang kostenlosen Webspeicherplatz und einen Homepagebaukasten für Ihre eigene Webseite. Die Bedienung der Baukastensysteme ist allerdings meist komplizierter als bei den weitverbreiteten Blogs.

Nach wenigen Mausklicks ist Ihre eigene Webseite online und weltweit für jedermann sichtbar.

Mit einem Bein im Knast?

Auf der eigenen Webseite können Sie zwar über alles und jeden reden und eigene Fotos präsentieren, allerdings ist das kein Freibrief, der alles erlaubt, was möglich ist.

Wer Texte und Fotos auf der eigenen Webseite veröffentlicht, muss sich an die Regeln halten. Sonst drohen kostspielige Abmahnungen oder Schadenersatzklagen. Mit welchen Kosten dann zu rechnen ist und welche Fälle in der Vergangenheit bereits geahndet wurden, wird zum Beispiel sehr anschaulich auf der Webseite www.rettet-das-internet.de dargestellt.

So geht's:

Um auf der sicheren Seite zu sein, sollten Sie bei der Gestaltung der eigenen Webseite folgende Spielregeln beachten:

- **Keine fremden Inhalte**
  Verwenden Sie auf der eigenen Webseite keine fremden Inhalte. Das gilt sowohl für Texte als auch für Bilder. Bei fremden Fotos, Grafiken, Animationen oder auch Ausschnitten von Stadtplänen müssen Sie zuvor die Zustimmung des Urhebers – als Beleg am besten schriftlich – einholen. Im Zweifelsfall verzichten Sie lieber auf fremdes Material. Ausnahmen sind ausdrücklich als „frei verwendbar" oder „lizenzfrei" (auf Englisch „royalty free") gekennzeichnete Inhalte, die es auch reichlich im Internet gibt. Oft gibt es dazu Informationen auf der Impressum- oder Disclaimer-Seite des Anbieters oder Webseitenbetreibers.

- **Eigene Texte und Bilder**
  Auch bei selbst verfassten Texten und eigenen Digitalfotos müssen Sie aufpassen. Verboten sind zum Beispiel rassistische und Gewalt verherrlichende Texte oder pornografische Fotos. Bei selbst geschossenen Bildern sollten Sie zudem darauf achten, dass die Persönlichkeitsrechte der abgelichteten Personen gewahrt bleiben.

- **Markenbezeichnungen**
  Kritisch ist die Verwendung geschützter Markennamen, insbesondere, wenn Sie mit Ihrer eigenen Webseite Geld verdienen möchten und sie kommerziell betreiben. Spätestens dann dürfen Sie geschützte Markennamen nicht zur Werbung für andere Produkte verwenden, etwa in der Form „Tolle Uhr im Cartier-Look". Im Zweifelsfall lohnt eine Recherche beim Deutschen Patent- und Markenamt auf der Webseite dpinfo.dpma.de.

- **Pflichtangaben im Impressum**
  Besonders streng sind die Vorgaben für das Impressum der Webseite, insbesondere bei kommerziellen Webseiten. Aber auch pri-

vate Webseiten sollten ein Impressum haben, um keine Abmahnungen zu riskieren. Ins Impressum gehören Name, Anschrift, Telefonnummer und E-Mail-Adresse.

Wenn Sie Ihre Webseite gewerblich nutzen – die Einbindung von Partnerprogrammen oder Google-Adsense-Werbung reicht da schon –, besteht der Gesetzgeber auf weiteren Pflichtangaben. Ausführliche Informationen hierzu finden Sie auf der Webseite www.anbieterkennung.de.

Um die rechtlichen Risiken zu minimieren, können Sie zusätzlich Haftungsausschlussklauseln – auch Disclaimer genannt – mit aufnehmen. Unter Juristen sind solche Haftungsausschlüsse aber umstritten. Auf der Webseite www.e-recht24.de/muster-disclaimer.htm finden Sie fertige Vorlagen für Disclaimer, die Sie in Ihre Homepage kopieren können.

Urlaubsfotos verwalten und Freunden zeigen

Im Zeitalter der Digitalkameras sind Fotos Massenware. So eine Digitalkamera ist ja auch eine praktische Sache. Kein Gang zum Fotolabor, kein Entwickeln der Filmrolle. Die Fotos sind sofort fertig und erscheinen in wenigen Augenblicken als Datei auf dem eigenen PC.

Info

Die richtige Digitalkamera

Das Veröffentlichen eigener Fotos im Internet macht nur mit einer Digitalkamera Spaß. Der Kauf der richtigen Kamera ist oft aber gar nicht so einfach. Im Laden stellt sich oft die Frage nach Megapixeln, Zoombereich und Automatik. Auch das Fotografieren mit Digitalkameras will gelernt sein. Wie Schnappschüsse am besten gelingen und welche Kamera für Sie die beste ist, erfahren Sie im Sonderheft *test SPEZIAL „Digitales Bild"*. Neben Testergebnissen für über 100 Kameras finden Sie hier auch Untersuchungsergebnisse zu Zoomobjektiven, Farbdruckern, Speicherkarten, digitalen Fotodiensten und Beamern. Zudem gibt es Tipps zum Fotografieren, zur Bildbearbeitung und -verwaltung sowie zu Dateiformaten.

Damit ist der Weg frei für eine digitale Diashow auf dem Monitor oder Fernseher. Viel spannender ist es allerdings, wenn die eigenen Fotos – zum Beispiel vom letzten Urlaub oder dem Nachwuchs – im Internet zu sehen sind. Für Freunde, Familie oder einfach jedermann.

Technische Kenntnisse über Bildformate, Bildbearbeitung oder gar Webseitenprogrammierung sind für die Veröffentlichung im Internet nicht notwendig. Diese Arbeit nehmen Ihnen Bilderdienste ab, die für

Du bist Internet

Sie sogar Bilder verkleinern und katalogisieren. Nur schießen müssen Sie die Fotos noch selbst.

So geht's:

Das Veröffentlichen eigener Fotos im Internet ist einfach. Wir zeigen das hier am Beispiel des kostenlosen Bilderdienstes Flickr. Der ist eine der größten und beliebtesten Bildplattformen im Netz und lässt in Sachen Bilderverwaltung und -veröffentlichung kaum Wünsche offen, hat aber einen Nachteil: Flickr ist bislang nur in englischer Sprache verfügbar. Eine deutschsprachige Bedienoberfläche ist für 2007 geplant.

1. Zunächst müssen Sie sich bei Flickr kostenlos registrieren. Hierzu rufen Sie die Webseite www.flickr.com auf und klicken auf *Sign Up*. Auf der nachfolgenden Seite können Sie sich mit Ihrer Yahoo!-ID anmelden oder einen neuen Flickr-Account anlegen.
2. Sobald die Anmeldung abgeschlossen ist, können Sie gleich loslegen und Ihre eigenen Fotos veröffentlichen. Im persönlichen Flickr-Bereich klicken Sie auf *Upload Photos*, um beliebig viele Bilder von der eigenen Festplatte auf die Flickr-Server hochzuladen. Ohne schnelle DSL-Verbindung kann das aber eine sehr langwierige Angelegenheit werden.
   Praktisch: Beim Hochladen können Sie in der Zeile *Add Tags for all these images* Stichwörter vergeben, damit Sie und die anderen Betrachter die Bilder später besser auseinanderhalten können. Sinnvolle Stichwörter sind zum Beispiel *Urlaub 2007, Nachwuchs, Garten, Auto, Freunde, Familie* usw. Wenn Sie Ihre Bilder auch englischsprachigen Besuchern zur Verfügung stellen möchten, empfiehlt sich die Eingabe englischer Stichwörter. Sie können auch deutsche und englische Stichwörter kombinieren.

   Wichtig: Im Bereich *Choose the privacy settings* legen Sie fest, wer die hochgeladenen Bilder sehen darf.
   Damit die Bilder für jedermann sichtbar sind, wählen Sie *Public*. Mit der *Private*-Option schränken Sie den Zugriff zum Beispiel auf Familie oder Freunde ein, die hierzu aber selbst einen Flickr-Account haben müssen.

3. Nach dem Hochladen finden Sie die Bilder im Bereich *Your Photos*. Dort können Sie sich alle Fotos auch nach Tags (Stichwörtern) sortiert anzeigen lassen.

Richtig und sicher surfen

4. Um die Fotos Freunden und Bekannten zu zeigen, müssen Sie nur die Webadresse Ihres Fotobereichs weitergeben. Hierzu lassen Sie zunächst im Bereich *Your Photos* die Bilder anzeigen, die Sie auch Freunden präsentieren möchten. Kopieren Sie anschließend die Internetadresse aus der Adresszeile des Browsers und schicken Sie sie zum Beispiel per Mail an Ihre Freunde – die können dann über diesen Link Ihre Fotos begutachten.

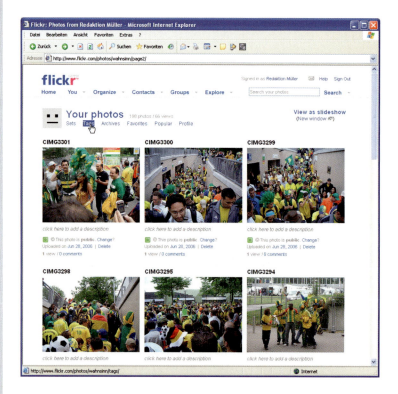

Mit Bilderdiensten wie Flickr kein Problem: eigene Fotos verwalten und über das Internet Familie, Freunden und Bekannten zeigen. Allerdings gibt es Flickr bislang nur in englischer Sprache.

Neben Flickr gibt es gute Alternativen mit deutscher Menüführung. Das Angebot Fotocommunity (www.fotocommunity.de) bietet ebenfalls die Möglichkeit, eigene Fotos hochzuladen und in der Community darüber zu diskutieren. Die Bedienung und das Hochladen sind zwar nicht so simpel wie bei Flickr, dafür finden Sie hier eine lebhafte Gemeinschaft engagierter Fotografen. Oft finden Wettbewerbe statt oder man trifft sich zum lockeren Plausch übers Fotografieren.

Einen ähnlichen Weg geht die Fotocommunity der Zeitschrift *View* (view.stern.de), einem Ableger des Magazins *Stern*. Auch hier können Sie Ihre eigenen Fotos hochladen und sich mit anderen *View*-Anwen-

In der Fotocommunity finden Sie viele hochwertige Fotos und können auch Ihre eigenen Bilder zur Schau stellen.

dern darüber austauschen. Das Besondere daran: Einmal im Monat veröffentlicht die Webseite ausgewählte Fotos in gedruckter Form in der Zeitschrift *View – Die Bilder des Monats*. Vielleicht ist ja Ihr Foto schon in der nächsten Ausgabe mit dabei. Zwar gibt es für eine Veröffentlichung kein Honorar, dafür werden die besten Fotos im Rahmen eines Gewinnspiels mit Preisen wie Reisen oder Elektronikgeräten belohnt.

Zum Schluss muss noch ein „Achtung!" stehen: Seien Sie sich immer bewusst, dass Ihre Texte und Bilder, die öffentlich im Internet stehen, von anderen Nutzern jederzeit kopiert und zweckentfremdet werden können. Es ist schon vereinzelt aufgeflogen, dass User in einem Bilderforum geklaute Fotos als ihre eigenen ausgegeben haben, um sich mit fremden Federn zu schmücken. Und ob jemand mit Ihren Kurzgeschichten oder Fotos irgendwo auf der Welt sogar Geld verdient, das können Sie ganz sicher nicht mehr nachverfolgen.

Richtig und sicher surfen

Index

A

Abhören 129
Abmahnung 151
AcrobatReader 8
Activy 143
Ad-Aware 26, 106
AdobeReader 10
Adware 97, 105
AGB 73
Aktien 53
Aktienkurse 53
Alerts 45
Allgemeine
Geschäftsbedingungen 73
Allofmp3 138
Anbieterkennung 152
Antispywareprogramme 106
AntiVir 102
Antivirensoftware 102
AntiVirus 26
AOL Musikdownloads 135
Apotheken 70
Arcor 142
Arzneimittel 69
Automatische Updates 98
AVG Free Edition 103

B

Bankeinzug 78
Bankgeschäfte 82
Bankingsoftware 93
Bezahlmethode 77
Bilder suchen 39
Bilder veröffentlichen 153
Bilderdienst 153
Blog 148
        fremde Inhalte 151
Blogger 148
Bundesnetzagentur 118

C

Call-by-Call-Anbieter 51
Ciao 72
Composite Video 133
Computertechnik 69
Computerviren 96, 101
Cookies 108
Copernic 61

D

Datenkompression 134, 140
Daueraufträge 82
Defender 108
Desktopsuchmaschinen 61

Deutsch-Englisch 50
Deutsches Patent- und
Markenamt 151
Dialer 97
Digitalkameras 152
Digital Rights Management 136
Downloadportale 133
DRM 136
DSL-Router 130
Duden 31

E

Eigene Webseite 148
Einkaufen 64
ElektronikScout24 69
E-Mail-Programm 8
E-Mail-Werbung 109
Englisch-Deutsch 50
Erfahrungsberichte 71
Evendi 68
Exalead 33
Extensions 24

F

Fachzeitschriften 71
Fernsehen 138
Filme 13
        suchen 41
Firefox 9, 23, 24
        Erweiterungen 24
Firewall 99, 123
Firstgate 78
Flash 8, 17
        installieren 18
        Spiele 19
Flatrate 118
Flickr 153
Fotocommunity 154
Fotos
        suchen 39
        veröffentlichen 153
Froogle 66
Füllwörter 39
Fujitsu Siemens Activy 143

G

Gateways 127
Geizhals 68
Geizkragen 68
Geprüfter Onlineshop 75
Geschäftsbedingungen 73
Getprice 68
Gewährleistung 79
GEZ-Gebühren 141

Index

Globus 58
googeln 31
Google 31
Google Alerts 45
Google Desktop 26, 48, 62
Google Earth 58
Google Groups 42
Google Maps 55
Google News 44
Google Pack 27
Google-Taschenrechner 56
Google Toolbar 26, 47
Googol 31
Grisoft 103
Groß- und Kleinschreibung 37
Guenstiger.de 66
Gütesiegel 75

H
Handys 69
Haushaltsgeräte 69
HBCI 86
Hilfsprogramme 8
Homebanking 82
    Computerinterface 86
https 74

I
Idealo 66
Ifpi, Musikverband 138
Impressum 73, 151
    Pflichtangaben......................... 151
International Securities
Identification Number 54
Internet Explorer 8
Internettelefon.................................. 118
Internettelefonie............................... 116
iPhone Communicator................... 126
ISIN 54
iTAN-Verfahren 85
iTunes.. 134, 135

K
Kasner, Edward 31
Kaufbestätigung 75
Kelkoo 67
Kennwort, sicher 91
Kerio Personal Firewall 101
Kino auf Abruf 141
Kinofilme.................................... 141, 142
Kombinieren, Suchbegriffe 37
Komplettpakete 114
Kontoauszüge 82
Kostenlose Musik 137

Kreditkarte 74, 78
Kulanz 78

L
Lastschrift 78
Lieferbarkeit 65, 70
Livestreams 15
Lizenzdatei 136
Lizenzen verwalten 137

M
Markenamt... 151
Mausgesten 23
Media Center.................................... 143
Media Center Edition..................... 145
Media Player.............................. 134, 137
Medikamente 69
MediPreis 70
Medizinfuchs 70
Mehrwertsteuer 74
Mein Geld 93
Metager 34
Meta-Suchmaschinen 34
MP3.. 140
MP3-Format 133
MP3-Player 136, 140
MSN 31
Musicload.. 134
Musik
    herunterladen 133
    kostenlos.................................... 137
    Lizenzdatei................................ 136
    Nutzungsrechte....................... 136
Musikportale.................................... 135
    illegale 138

N
Nachrichten 44
Napster.. 135
Newsgroups 42
Newsseiten 44

O
One4Movie................................. 135, 142
Onlinebanking 82
Onlineshop, geprüft 75
OnlineTV2.. 139
Onlinevirenscanner 104
Onlinezeitungen 43
Opera 9, 25
OutlookExpress 8

Richtig und sicher surfen

P

P2P 138
Passwörter 91
Patent- und Markenamt 151
Patchday 98
PayPal 78
PDF-Format 9
Peer-to-Peer-Netzwerke 138
Personal Firewall 100
Personal Identification Number ... 83
Pflegeprodukte 70
Phishing 87, 97
       Mails 88
       Webseiten 89
Phoner 122
Picasa 26
PIN 83
PIN/TAN-Verfahren 83
Player 136
PortableDocumentFormat 9
Preisauszeichnung 74
Preisentwicklung 66
Preise vergleichen 64
Preissuchmaschine 68
Preistrend 66, 69
Preisvergleicher 64
Preiswecker 66
Produktbezeichnung 70
Produktdatenbank 68
Produkteigenschaften 65

Q

Quaero 33
Qualitätstests 75
QuickenDeluxe 93
QuickTime 9, 13

R

Radioprogramm 17
Radiosender 139
RealPlayer 9, 16, 134
Rechnung 77

S

Schadenersatzklage 151
Schnäppchen 65
Schutzprogramme 97, 113
Schutzsoftware 113
Shockwave 8, 20
Shops 64
Shoppingsuchmaschine 64
Shopsuchmaschine 67
Sicherheitskopie 137
Sicherheitslöcher 21
Sicherheitspakete 113
Sicherheitsprogramme 114
Sicherheitsupdates 21
Sipgate 120
       Konto 121
SIP-Protokoll 124
Skype 124
       Netzwerk 124
       Protokoll 124
SkypeIn 125
SkypeOut 125
Softphone 119, 122
Software 69
Sony Connect 135
Soundbridges 144
Spam 47, 97, 109
       vermeiden 110
Spamfighter 112
Spamfilter 47, 112
Spamgourmet 110
Spamihilator 112
Spezial-Preisvergleicher 69
Spion 106
Spybot 107
Spyware 97, 105
SRTP-Verschlüsselung 129
Stadtplan 54
StarMoney 93
Stiftung Warentest 72
Stream 142
Streaming-Boxen 133, 144
Streaming-Clients 144
Suchabonnement 46
Suchbegriff 36
Suche verfeinern 37
Suchmaschine 30
       Shops 67
Sudoku 19
Sunbelt 101
Survival-Pack 8
S-Video-Ausgang 133
Sygate 100

T

Tabbed Browsing 23
Tageszeitung 43
TAN 84
Taschenrechner 56
Tauschbörsen 138
Telefonadapter 119
Testberichte 72
Testergebnisse 72
Tests 71
Texte übersetzen 50

Index

Tipps, Preisvergleich 70
T-Online-Vision 142
Transaktionsnummern 84
Trojaner 96
Trojanische Pferde 96
Trusted Shops 75
TÜV 75
    Süd s@fer shopping 75
TV-Software 139

U

Übersetzen, Texte 50
Überweisung 77, 82
Umlaute 37
unfrei 79
Unterhaltungselektronik 69

V

Verbrauchermagazine 72
Verknüpfen, Suchbegriffe 37
Versandapotheken 70
Versandkosten 65, 71
Verschlüsselung 74
Video on Demand........................... 141
Videos suchen 41
View (Zeitschrift) 154
Viren 96, 101
Virenscanner 102
Vista 23
VoD 141
VoIP 116
    Anbieter 120, 127
    Flatrate 119
    Telefonanschluss 120

W

Warentest 72
Webradio 140
Webseite
    eigene 148
Wegwerfadressen 110
Weltatlas 58
Werbebotschaften 109
Werbung 71
    E-Mail 109
Wertpapierkennnummer 54
Whitelist 47
Widerrufsrecht 73
Widgets 25
Windows
    Defender 108
    Firewall 100
    Media Center 145
    Vista 23

WISO Mein Geld 93
WKN 54
WLAN 144
WMA-Dateien 136
WMA-Format 133
WMV-Format 13
Wörterbuch 50
Wortfilter 112

X

X-Lite 121
XML Paper Specification 13
XPS 13

Y

Yahoo! 32
    DesktopSearch 62

Z

Zentraler Kreditausschuss 86
ZKK 86
ZoneAlarm 101
Zugangsdaten 120
Zugverbindungen 53
Zusatzsoftware 8

Impressum

Herausgeber und Verlag
STIFTUNG WARENTEST
Lützowplatz 11–13
10785 Berlin

Tel. (030) 26 31-0
Fax (030) 26 31-25 25
www.stiftung-warentest.de

Vorstand
Dr. jur. Werner Brinkmann

Weitere Mitglieder der Geschäftsleitung
Hubertus Primus
(Publikationen)
Dr.-Ing. Peter Sieber
(Untersuchungen)

Autoren
Jörg Schieb
Mirko Müller

Lektorat
Uwe Meilahn (Leitung)
Horst-Dieter Radke
(SmartBooks)

Korrektorat
Stefanie Barthold

Layout
Harald Müller, Würzburg

Titel
Harald Müller, Würzburg

Umschlagfoto
IMAGE SOURCE

Bildnachweis
AVM Computersysteme Vertriebs GmbH (Seite 130), Fujitsu Siemens Computers GmbH (Seite 144), Mirko Müller (Seiten 84, 85, 129, 130, 133; alle Screenshots), REINER Kartengeräte GmbH und Co. KG (Seite 86), Siemens Home and Office Communication Devices GmbH & Co. KG (Seite 119), snom technology AG (Seite 129)

Produktion
Harald Müller, Würzburg

Verlagsherstellung
Rita Brosius
Kerstin Uhlig

Druck
Stürtz GmbH, Würzburg

Einzelbestellung in Deutschland
STIFTUNG WARENTEST
Vertrieb
Postfach 81 06 60
70523 Stuttgart

Tel. (0 18 05) 00 24 67
(12 Cent pro Minute aus dem Festnetz)

Fax (0 18 05) 00 24 68
(12 Cent pro Minute aus dem Festnetz)

www.stiftung-warentest.de

Redaktionsschluss
September 2006